Eva Zeltner
Hurra, wir sind Ompas!

EVA ZELTNER

Hurra, wir sind Ompas!

ZYTGLOGGE

Alle Rechte vorbehalten
Copyright Zytglogge Verlag, 2011
Lektorat: Bettina Kaelin
Korrektorat: Monika Künzi, Jakob Salzmann
Illustration: Eva Zeltner
Gestaltung/Satz: Zytglogge Verlag
Druck: fgb, freiburger graphische betriebe
ISBN 978-3-7296-0821-4

Zytglogge Verlag, Schoren 7, CH-3653 Oberhofen am Thunersee
info@zytglogge.ch, www.zytglogge.ch

Inhalt

Vorwort 7

Hurra! 11
Wie gehabt und doch ganz anders 11
Alltäglich und doch wunderbar 17
Sorgen um das Ungeborene 19
Alles hat seinen Preis 22
... Grosseltern sein dagegen sehr 28
Kleine Geschenke und Indianerehrenwort 35
«Du bisch alt, und ich bin frisch!» 40
«Das macht gar nichts, das muss ein Hund 41
auch lernen!»
«Bauchweh, Aug weg und Blut im Bett» 43
Pasta und nochmals Pasta 45
Lastesel 47
Girls World – Boys World 49
Eifersucht 57
Alte/r, hock aufs Maul! 59
Andersrum gehts auch 67
Less Perfection 71

Wie Grosseltern ticken 75
Endlich! 75
Hilfe, eine Panne! 78
Null Bock auf Wiederholung! 80
Nicht alle in einen Topf werfen 82

Typen verschiedener Ompas 86
Von omnipotenten Übermüttern, Schoko-Ompas 86
und andern grosselterlichen Varianten

Wo Ompas den Eltern voraus sind 97
Notanlaufstellen und Vertrauenstypen? 98
Zeitinseln 100
Geduld und Musse – den Subito-Kindern standhalten ...104
Grosseltern verbinden Vergangenes mit dem Heute 109
Heiteres und Ernstes 112

Ompas und die Vielfalt moderner Lebensstile 116
Kurzer Blick zurück 116
Noch nie waren sich Enkel und Ompas so nah 118
Grosseltern – Schwiegerompas: fremdbestimmt 121
und doch verbunden

Senioren – die neuen Störfaktoren 125
der Gesellschaft?
Eine gesellschaftliche Last? 125
Weg mit der Altersphobie! 127
Mehr Respekt für Ompas! 133
‹Nuggigraben›, kinderfreie Zonen und 138
Klassentreffen mit mangelnder Empathie
Die neuen Ompas – ein Phänomen der Mittel- 146
und Oberschicht

Allo-Eltern 149

Fazit 153

Vorwort

«Ich bin doch nicht blöd!»

So lautet der Werbespruch für die auf der Billigwelle surfenden Schnäppchenjäger, deren einziges Ziel es ist, möglichst günstig zu erstehen, wonach der Zeitgeist verlangt: Gadgets der IT-Branche, Reisearrangements, in deren Niedrigstangebot nebst Flug und Vollpension auch noch der Aufenthalt in einem Hotel inbegriffen ist, modische Klamotten unter dem Wert ihres ohnehin auf ausbeuterische Weise zustande gekommenen Einkaufspreises und und…

«Warum», so fragen sich der trendbewusste Zeitgenosse und die nach günstigen Angeboten gierende Konsumentin, «warum gibt es nicht auch Kinder zum Schnäppchenpreis?» Gemeint sind dabei genetisch präparierte Nachkommen, die ihren Müttern und Vätern eitel Freude bereiten, ohne Arbeit, Aufregung, Ärger und Sorgen. Vergnügen pur. Hoffentlich wird es aber noch viele Jahrzehnte dauern, bis Eltern sich mit derart gentechnisch kreierten pflegeleichten, charakterlich ausgewogenen Wesen abgeben und dafür zur Strafe immerzu langweilen müssen.

Grosseltern sehen der Ankunft des ersten Enkels, der ersten Enkelin ebenfalls aufgeregt und in Erwartung leuchtender Kinderaugen und frohen Kinderlachens entgegen. Auch wir wünschten uns Super-Grosskinder zum Schnäppchenpreis.

Kinder, die weder krank noch frech noch renitent oder gewalttätig sind. Kinder, die uns nie körperlich und psychisch an unsere Grenzen bringen. Kurz: kluge, fleissige Buben und Mädchen, die an ihrem dritten Geburtstag ihre Partyfreunde auf Frühchinesisch oder wenigstens auf Englisch begrüssen werden. Kids, welche aus eigenem Antrieb lernen und nochmals lernen, allein zuhause vor den Büchern und Monitoren hocken, zur sportlichen Ertüchtigung einen Verein besuchen, freiwillig ein Musikinstrument üben und aufstehen, wenn ältere Menschen die Strassenbahn betreten. Enkel, die nur Positives im Facebook preisgeben und neben virtuellen auch Freunde aus Fleisch und Blut haben und sich nicht an den kaputten Vorbildern der Unterhaltungsindustrie oder den Helden der Parallelwelt ihrer diversen Killerspiele orientieren. Enkelkinder, die von klein auf ihre Zimmer aufräumen und von sich aus den Erwachsenen helfen.

Die Liste kann beliebig erweitert werden, wichtig ist ein minimaler pädagogischer und körperlicher Einsatz von Seiten der Erwachsenen, Omas und Opas inklusive. Doch Hand aufs Herz: Fehlte derartig ‹preiswerten› Designer-Kids nicht gerade jene Ursprünglichkeit, die uns an Kindern fasziniert und auch herausfordert?

Zu meiner Schande muss ich gestehen, dass ich persönlich kleine Mädchen früher als langweilig, weil allzu brav, und fade empfand. Pubertierende Mädels fielen unter die Kategorie «zickig, arrogant und rasch beleidigt», und ich wurde während meiner Praktika im Kinder- und Jugendpsychiatrischen Dienst in dieser subjektiven Verallgemeinerung eher bestätigt.

Als ich dann schwanger war, hoffte ich während zwei Mal neun Monaten, es kämen Buben zur Welt. Möglichst wilde und verhaltensoriginelle. Dieser Wunsch wurde mir mehr als erfüllt. Kinder, die unsere Fantasie und Vernunft fordern, finde ich nach wie vor auf eine besondere Weise interessant. Einzigartig ist aber – genau betrachtet – jedes Kind, ob aufmüpfig oder angepasst.

Vielleicht erinnern sich einzelne unter den Lesenden an mein erstes Buch ‹Stellmesser und Siebenschläfer›, wo ich beschreibe, wie ich als einziges Mädchen in einer Institution für schwer erziehbare Buben und männliche Jugendliche gross geworden bin. Deshalb habe ich mich als Lehrerin und viel später als Psychologin auf den Umgang mit schwierigen Jungs spezialisiert. Seither haben Mädchen im Provozieren von Eltern und Lehrpersonen jedoch ihr Defizit aufgeholt und sogar Schlagzeilen gemacht. Auf der einen Seite ein wichtiger Schritt zur Aufwertung des weiblichen Selbstwertgefühls. Anderseits lauern auch Gefahren: z. B. im Suchtbereich – besonders beim Alkoholkonsum am Wochenende. Heutige Girls können zudem ganz schön aggressiv werden. Immer öfter auch gegen die eigene Familie.

Inzwischen habe ich also meine Meinung über Mädchen total revidiert. Unsere Enkelinnen strafen meine sehr unpsychologischen und einer toleranten Grossmutter unwürdigen Vorurteile in jeder Hinsicht Lügen. Die Lausmädels stecken voller Überraschungen, wie Wundertüten, und manchmal wünschte ich gar, sie wären nicht so lebhaft und ein Quäntchen weniger anstrengend.

Die vielen divergierenden Anforderungen und strukturellen Änderungen im Alltag der meisten Familien werteten in den letzten Jahrzehnten auch die Rolle der Grosseltern auf. Wurden sie zur Zeit der 68er-Revolte aus ideologischen Gründen als Relikte einer repressiven und autoritätsgläubigen Moral von ihren Enkelkindern möglichst ferngehalten, gehören Omas und Opas heutzutage in vielen Familien neben Krippe und Kindergarten zu jenen Betreuungspersonen der Kinder, die für berufstätige Eltern unverzichtbar geworden sind.

Ob wir als ‹werdende› Grossmütter und Grossväter dem frohen Ereignis ungeduldig entgegenfiebern oder eher von Skepsis erfüllt sind, und wie wir später mit neuen Verantwortlichkeiten und allfälligen Problemen umgehen, das ist Inhalt dieses Buches.

Zuerst gehe ich von eigenen Erfahrungen als Psychologin und alte Mutter – die ziemlich spät zur Grossmutter mutierte – aus. Wobei ich mich im psychologischen Analysieren der eigenen Familie seit jeher zurückhalte.

Der zweite Teil gilt mehr den unterschiedlichen Verhaltensweisen von Grosseltern im Umgang mit ihren Nachkommen. Dazu gehört auch ein Exkurs über die gegenwärtige gesellschaftliche Situation und Rolle alter Menschen.

Übrigens: Statt dauernd von Grosseltern, Grossmutter und Grossvater oder von Oma und Opa zu sprechen, werde ich oft das Kürzel Ompas für beide Personen verwenden.

Wie bereits erwähnt würde in vielen Familien die Struktur heute ohne Mithilfe der biologischen und sozialen Ompas teilweise zusammenbrechen, trotz Krippen, Kitags, Tagesmüttern, Nannys, Pflegediensten für Kinder etc. Es kann darum bereits von einer ‹Generation Ompa› gesprochen werden. Die in mancherlei Hinsicht jung gebliebenen Grosseltern von heute sind einerseits ein gesellschaftliches Novum, anderseits bestätigen sie die Theorie von der Bedeutung der Allo-Eltern (siehe gleichnamiges Kapitel).

Der von vielen Ompas im Rentenalter geleistete regelmässige Einsatz verlangt neben guter Gesundheit auch einen gewissen Mut, sich auf eine Art Abenteuer einzulassen. Nicht allen fällt diese Aufgabe leicht – und vielen Grosseltern verunmöglichen gesundheitliche Probleme oder das weitere Eingebundensein in eine berufliche Tätigkeit leider ein längeres Zusammensein mit ihren Enkeln. Wer aber physisch und psychisch zum Enkelhüten in der Lage ist, wird diese Zeit als Bereicherung durch drollige Aussprüche und unerwartete Erlebnisse erfahren – als ein Geschenk seiner reiferen Jahre.

Hurra!

Wie gehabt und doch ganz anders

Doch zurück zur Frage: Wie reagieren Ompas auf ihren ersten Enkel, ihre erste Enkelin?

Ein ansehnlicher Teil aller Mütter und Väter wird irgendwann von Sohn oder Tochter erfahren, dass Nachwuchs unterwegs ist. Das ist insofern ein beruhigender Gedanke, kriegt man doch die Bestätigung, dass nach dem Tod wenigstens ein Teil des eigenen Genmaterials von der zweiten in die dritte Generation vererbt wird, wenn auch in beinahe schon homöopathischer Form. Sie reicht jedoch völlig aus, um unsere guten und leider auch weniger löblichen Eigenschaften in den Nachnachkommen weiterleben zu lassen. Dies erfüllt uns jedenfalls mit Genugtuung, ob wir nun durchschnittliche Erdenbürger- und -bürgerinnen oder Ausnahmemenschen vom Format eines Nobelpreisträgers sind.

Noch etwas werden alle Ompas bestätigen können: Wir haben beim Anblick des ersten Enkelkindes eine Art Déjà-vu-Erlebnis. Haben wir das Wunder einer Menschwerdung doch schon einmal oder mehrmals selber erlebt. Alles scheint im ersten Moment wie gehabt – und doch ist einiges ganz anders.

Denn zwischen jener Zeit, in der die jetzt über 60-Jährigen erstmals Eltern wurden, und der Gegenwart besteht punkto Lebensstil und medizinischem Wissen ein meilenweiter Unterschied. Unverändert ist höchstens die Freude über die Ankunft eines gesunden Mädchens oder Jungen.

In fast allem unterscheidet sich eine heutige moderne Schwangerschaft und Geburt – auch wenn wir sie nur secondhand erleben – erheblich von den Gepflogenheiten, die uns älteren Frauen Schwangerschaft und Wöchnerinnenzeit verdüstert haben.

Angefangen bei den unförmigen Schlabberklamotten in der Schwangerschaft, hinter denen frau dazumal ihren dicken Bauch zu verbergen pflegte, als sei sein Anblick etwas Unanständiges. Heutzutage zeigen angehende Mütter unter eng anliegenden T-Shirts stolz ihre runden Bäuche, und schwangere Starletts und Models lassen sich selbstbewusst nackt fotografieren. Nabelfrei oder verhüllt: Erlaubt ist, was gefällt.

Es folgt die frei wählbare Art des Gebärens daheim, in einem ‹Storchennest› oder einer Klinik und endet mit dem Rooming-in, dem 24-stündigen Beisammensein von Mutter und Kind als Selbstverständlichkeit. Der enge Körperkontakt der Mutter zu ihrem Neugeborenen wird wieder als naturgegeben erkannt: ein urmenschliches Bedürfnis, das im Kampf gegen die ehemals hohe Müttersterblichkeit und dem daraus resultierenden und in der Folge auch übertriebenen Hygienefimmel in der Mitte des 20. Jahrhunderts beinahe unterging. Hauptsache, unter fast keimfrei-sterilen Bedingungen und in ein strenges zeitliches Regelwerk eingebunden – so kam vor 45 Jahren ein Baby in der Gebärabteilung einer Klinik zur Welt. Ausser zum Stillen, das mit der Uhr bemessen wurde und höchstens viermal täglich stattfand, wurden die Säuglinge rigoros von ihren Müttern ferngehalten. Apropos Stillen: Heute legen Mütter überall und jederzeit stolz ihre Säuglinge an die Brust, früher geschah das nach Stundenplan und unter Ausschluss der Öffentlichkeit.

Nach den jüngsten neurologischen und entwicklungspsychologischen Erkenntnissen kann man sich nur wundern, dass die aus dem wohlig-dunklen Uterus ins grelle Kliniklicht herausgestossenen, früh gedrillten Säuglinge überhaupt zu körperlich und psychisch gesunden, selbstbewussten, ja belastbaren Erwachsenen werden konnten. Die aus heutiger Sicht sehr traumatischen ersten Erfahrungen bei der Abnabelung vom Mutterkuchen wurden bei den Babys zusätzlich verstärkt durch die Überzeugung, stundenlanges Schreien stärke die Lungen.

Dennoch hat sich die Mehrzahl der damals Geborenen mehr oder weniger ‹normal› entwickelt, und man könnte sich sogar fragen, ob die in der Schweiz gegenwärtig fast idealen Bedingungen zum und beim Eintritt in die Welt wirklich seelisch stabilere Individuen hervorbringen.

Im Ultraschall werden heute die ehemals grössten Unbekannten schon im Mutterbauch erkannt: Geschlecht und gesundheitliche Risiken des Fötus. Von den Fortschritten der pränatalen Diagnostik und Therapie ganz zu schweigen. Sehr frühe ‹Frühchen› werden schon mit 600 Gramm Gewicht gehegt und im Brutkasten am Leben erhalten – vor 40 Jahren war das undenkbar.

Auch Väter gelten heute bei der Geburt als Hilfe und nicht länger als ohnmächtig hinsinkende Weicheier oder allein auf Grund ihres Geschlechts als Störfaktor. Eignen sich die meisten doch vorzüglich zur psychischen und physischen Unterstützung der Gebärenden und bereits von Anfang an zum Wickeln ihrer Sprösslinge. Sogar der Vaterschaftsurlaub – eine noch immer gewöhnungsbedürftige, aber sehr erstrebenswerte Einrichtung – wird immer mehr in Anspruch genommen. Und – zumindest theoretisch – zur Babypflege und zur Festigung der Bindung zwischen Vater und Kind genutzt. Vieles rund um eine Geburt ist gerechter, vor allem aber einfacher und vorhersehbarer geworden.

Hier ist denn auch jede nostalgische Anwandlung fehl am Platz. In der – von manchen Vergesslichen zu Unrecht als ‹gute, alte Zeit› bezeichneten – Nachkriegsperiode Mitte des letzten Jahrhunderts gab es übrigens noch immer Neugeborene erster und zweiter Klasse. Ein sogenannter Stammhalter war für viele Eltern und Grossväter von erheblicher Bedeutung und Tragweite. Als Regel galt: Der älteste Sohn übernimmt den väterlichen Hof oder das Geschäft und erhält dafür einen Ehrenplatz in der familiären Ahnengalerie. Uneheliche Kinder nannte man Bastarde und behandelte sie wie Menschen zweiter Klasse und auch Mädchen wurden oftmals als untergeordnete Wesen betrachtet.

Heute schwindet, dem Feminismus sei Dank, der patriarchalische Einfluss und der Wunsch nach einem Stammhalter gilt nicht einmal mehr zwingend in Wirtschafts-Dynastien. Sogar die gutschweizerische Tradition, den weiblichen Nachnamen gegen den des Mannes auszutauschen, ist hinfällig geworden, seit Frauen ihren Familiennamen behalten dürfen. Viele Paare wünschen sich inzwischen explizit eine Tochter, in der Hoffnung, sie sei von Natur aus prosozial veranlagt, und Ompas denken oft ähnlich. Offensichtlich ist ihnen entgangen, dass im Zeitalter der Lara Crofts & Co. Mädchen auch aus ganz anderem Holz geschnitzt sind und inzwischen den Jungs längst das Wasser halten, wenn nicht gar abgraben können.

Kaum Eltern geworden, erleben Mann und Frau eine Art Paradigmenwechsel in ihrer Biografie. Nach der Geburt eines Kindes gibt es von einem Tag auf den andern ein früheres Leben als Paar und eine Gegenwart und Zukunft mit Kind. Ob dem ersten noch eins oder mehrere Kinder folgen, ist weniger einschneidend.

Elternschaft ist – unabhängig von der Kinderzahl – ein Zustand, den wir nie mehr loswerden. Sie überträgt uns für viele Jahre eine grosse Verantwortung: vom Tag-Nacht-Rhythmus, der am Anfang monatelang von seiner Hoheit, dem kleinen neuen Erdling, bestimmt wird, über eine mehr oder weniger erfolgreich verlaufende Schulzeit bis zu den mehr oder weniger heftigen Turbulenzen der Pubertäts- und Adoleszenzjahre. Täglich denken wir Eltern an unsere Kinder. Lebenslang werden wir sie ‹nicht mehr los›.

Die grösste Katastrophe ist der Tod eines Sohnes oder einer Tochter. Gleich, ob er ein Kleinkind, einen Jugendlichen oder einen bereits Erwachsenen trifft. Viele Eltern verkraften nie, dass ihr Kind vor ihnen sterben musste. Besonders tragisch sind die Folgen, wenn Mütter und Väter nicht gemeinsam trauern können. Ein betroffener Vater sagte mir einmal: «Entweder schweisst dieser Schicksalsschlag ein Paar zusammen, oder die Beziehung bricht auseinander.»

Den Eintritt in eine quasi andere Lebenswirklichkeit erlebten mein Ehepartner und ich zum zweiten Mal vor sieben Jahren beim Übergang in den Ompa-Stand. Noch einmal hatten wir uns an ein winziges abhängiges Persönchen und an die Stillung seiner elementaren Bedürfnisse – vor allem bei Abwesenheit der Eltern – zu gewöhnen. Eine Situation, die uns, trotz der zeitlich sehr begrenzten Verantwortung, an manch Bekanntes anknüpfen liess. Gewinnen Grosseltern doch überraschend schnell an Sicherheit im Umgang mit Babys.

Seither gibt es für uns einen Lebensabschnitt vor und einen seit der Geburt unserer ersten Enkelin. Denn auch hier galt: Das zuerst Geborene veränderte unser Leben nachhaltiger als sein kaum zwei Jahre jüngeres Schwesterchen.

Jubel über Jubel!

Das erwarten erwachsene Kinder und Schwiegerkinder von ihren Eltern, wenn sie selber zum ersten Mal Mutter und/oder Vater werden. Im Grunde verständlich. Hatten sich doch auch unsere Eltern über die angekündigten Grosskinder zu freuen – und das meist auch getan – und sich erst noch wochenlang über das Geschlecht des werdenden Enkelkinds den Kopf zerbrochen.

«Hurra!» Nach wie vor ist dies die überwiegende spontane Reaktion der frischgebackenen Grossmütter und Grossväter auf die Nachricht, das erste Enkelkind sei da, gesund und sooo niedlich.

Und wie in jungen Jahren, als wir Wolkenschlösser für die Zukunft der eigenen Kinder bauten, stellen wir uns vor, was aus dem kleinen Geschöpf einmal werden könnte, sollte, müsste...

Heute erwartet Jugendliche, trotz Krise und Arbeitslosigkeit, eine Vielfalt an Chancen wie nie zuvor. Und schon schätzen wir die Wahrscheinlichkeit dieser und jener künftigen Laufbahn von Enkel oder Enkelin ein und vergleichen sie mit den bisherigen beruflichen Erfolgen unserer eigenen Nachkommen und jenen der Schwiegerkinder. In welcher Sippe verbirgt sich wohl das grössere Begabungspotenzial, aus welcher stammen die besseren Ressourcen?

So entschweben wir tagträumend der Gegenwart. Aber nur für kurze Zeit. Spätestens bis uns das Hungergebrüll unserer Projektionsfläche zur grosselterlichen Verantwortung mahnt. Und wir endlich mit der abgepumpten Muttermilch das nach diesem Lebenselixier gierende Energiebündel sättigen und seiner eigenen Traumwelt zurückgeben können.

Doch auch am Gutwetterhimmel von Ompas können Wolken und Unwetter aufziehen. Sonnenseiten und Schattenhalden gehören nun einmal zu jedem menschlichen Dasein.

Alltäglich und doch wunderbar

Eine Wucht – die Nachricht kam völlig unerwartet.

Unser Sohn und seine Partnerin hatten mich besucht, ein Ikea Bücherregal mitgebracht, und die junge Frau mit den goldenen Händen setzte es im Nu zusammen. Wie sie da am Boden hockte und die Bretter ins Holz schraubte, streifte mich ein Augenzwinkern lang eine Ahnung – so kurz, dass ich sie gedanklich nicht zu fassen kriegte. Später, beim Abendessen, sagte sie verschmitzt lächelnd: «Wir haben eine Überraschung für dich. Rate!» So wie ich unsern erwachsenen Nachwuchs kenne, erwartete mich wohl irgendeine nicht ganz ernst zu nehmende Witzigkeit in der Art einer leicht ironischen Neckerei.

«Falsch, alles ganz falsch», lachten die beiden, als ich mit meinem Rate-Latein am Ende war. Und dann das Unerwartete: «Du wirst Grossmutter!» Betörend, dieses «Du wirst Grossmutter!» War ich doch bereits im vorgerückten Alter von 73 Jahren.

Für Sekunden öffnete sich mir ein Cinemascope-Blick über den Horizont meines eigenen Lebens hinaus. In die noch offene Zukunft eines im Werden begriffenen Menschen, dessen späteres Schicksal mir wohl immer verborgen bleiben, das aber dennoch durch einen geheimnisvollen genetischen Code mit mir verbunden sein würde.

Von Grosselternschaft zu träumen, hatten mein Mann und ich längst aufgegeben. Nicht, dass wir uns unbedingt nach Enkelkindern gesehnt hätten. Im Gegenteil. Beide waren wir voll beschäftigt und sabbernde Krabbelkinder vermissten wir am allerwenigsten.

Die strahlend-stolzen Ompas in der Strassenbahn oder die mit verklärten Blicken einen Kinderwagen schiebenden Grosseltern-Freaks mittleren Alters hatten bei uns bisher eher eine Art Mitleid erzeugt. Kannten die nichts Besseres, als in der Freizeit ihre Enkel zur Schau zu stellen und sie anzuhimmeln? Ja, es kam manchmal eine leichte Neigung zur Überheblichkeit gegenüber Enkel betreuenden Freunden und Freundinnen auf. Im Nachhinein denke ich, diese Einstellung zeugt eher von verdrängtem Neid auf die Enkelgesegneten, der uns hie und da beteuern liess, wir wünschten niemals Kindeskinder. Für uns jedenfalls: no Problem.

Eine ebenfalls enkelkinderlose Freundin verstieg sich – ehe sie wider Erwarten ebenfalls noch Grossmutter wurde – zur Behauptung: «Wir müssen über unseren kinderlosen Nachwuchs sogar froh sein. Die gegenwärtigen politischen und sozialen Zustände auf dem Globus laden immer weniger dazu ein, Nachkommen einer eher düsteren Zukunft auszusetzen.»

Doch auch wenn die Hoffnung, wie der Volksmund treffend behauptet, zuletzt stirbt, gabs wohl nie derart paradiesische Epochen, die Paare bedenkenlos zur Fortpflanzung animiert hätten. Harte Zeitläufe haben eher zur Vermehrung der Bevölkerung beigetragen. Das beweisen die Geburtenzahlen in Kriegszeiten. Längst wäre die Menschheit sonst ausgestorben. Eltern wissen ja nie, welches Schicksal ihr Kind zu erwarten hat. Im Zweifelsfall lieber keine Kinder, rät die Vernunft. Zum Glück haben aber die Hormone da auch noch ein Wörtchen mitzureden. Ein Hoch auf die Liebe und den Sexualtrieb!

Doch zurück zu unserer Familie. Da sass ich also und hatte Freudentränen in den Augen. Ein neuer Mensch war in unserer Familie unterwegs, schon seit vier Monaten.

Auch mein Angetrauter, der zu dieser Zeit im Ausland weilte, sollte die frohe Botschaft am Telefon erraten. Er hatte ebenfalls längst nicht mehr ans Grossvaterwerden gedacht und tippte genauso daneben.

Niemand von uns rechnete zu diesem Zeitpunkt jedoch ernsthaft damit, dass schon ein Fötus nicht nur Freude und Eierkuchen-Gefühle auslösen kann.

Sorgen um das Ungeborene

Grossmutter oder Grossvater zu werden, ist für jene, die es erleben, ein wunderbares Ereignis, aber auch eine Herausforderung, die den bequemen Alltagstrott ziemlich durcheinanderbringen kann. Nicht nur die Eltern-, auch die Grosselternschaft hielt für uns ein neues und interessantes Spektrum an Aufgaben und Erfahrungen bereit. Anders, als wir es zuvor hatten ahnen können.

Jedes einschneidende Ereignis im Leben ist ja – ehe es eintrifft – schlecht vorstellbar. Niemand kann im Voraus wissen, wie er oder sie in bestimmten Situationen reagiert.

Ganz gleich, ob es sich um Tod oder Geburt, Krankheit, einen schweren Unfall, Liebe oder die schlimmen Folgen von Eifersucht und Hass handelt.

Auf schicksalshafte Ereignisse, die jede Biografie mehr oder weniger heftig erschüttern, kann man sich nur bedingt auf der inneren Probebühne vorbereiten. Ob und wie ein frohes oder ein tragisches Geschehen unser Dasein nachhaltig belastet, uns lähmt oder total umkrempelt und dem Leben sogar eine neue Richtung geben kann, ist individuell sehr verschieden. Geschieht etwas Befürchtetes oder auch Erhofftes ganz plötzlich, reagieren wir oft völlig anders, als wir eigentlich von uns erwartet hätten.

Es ist wie mit einer Ansicht bei Google Street View. Die auf dem Monitor gezeigten Aufnahmen sind scharf, sagen aber wenig aus über die realen Bedingungen im angepeilten geografischen Ausschnitt. Die Art möglicher menschlicher Begegnungen, die Beschaffenheit und Vielfalt von Vegetation und Fauna, die Temperatur, allfällige Stürme und Gewitter, Sonnenauf- und Sonnenuntergänge sind auf den Bildausschnitten im Internet höchstens rein zufällig eingefangen; und in natura ist alles ohnehin anders als in unserer noch so regen Vorstellung.

Es können überraschend eintreffende reale Ereignisse in ihrer Wirkung tröstlicher, weniger dramatisch, aber auch erschreckender, grausamer, erschütternder und trauriger sein, als unsere Fantasie sich zuvor auszumalen imstande war.

Noch immer erleiden Mütter während der Schwangerschaft eine schwere Blutung oder verbringen einen Teil der neun Monate vorwiegend liegend, um einen Abort zu vermeiden, andere müssen mit einem totgeborenen oder einem schwer kranken Kind weiterleben können. Nach wie vor verlieren Eltern ihr Kind durch den plötzlichen Kindstod. So selten, wie man dies gern glauben möchte, sind auch hierzulande tragische Vorfälle mit noch ungeborenen und neugeborenen Babys nicht. Die pränatale und postnatale Medizin macht zwar rasend schnell Fortschritte, doch nicht jedes Risiko lässt sich auch erkennen, verhindern oder heilen. Ob Mutter oder Vater, jeder Mensch hat seine ganz persönliche Art, auf unerwartet Freudiges oder unvorbereitete Tragik zu reagieren.

Im Bauch seiner werdenden Mutter wuchs also unser erstes Enkelkind heran. Es sollte laut Ärztin ein Mädchen sein. Die ersten Ultraschall-Fotos wurden auch von uns zukünftigen Ompas mit einem Gefühl der Ehrfurcht und Dankbarkeit bestaunt. Alles im grünen Bereich. Im März sollte der Geburtstermin sein.

Nach einigen Wochen und einer neuen ärztlichen Untersuchung traf die werdenden Eltern und auch die Grosseltern eine Art Blitz aus heiterem Himmel. Bei einer der letzten Routineuntersuchungen – zwei Monate vor der Niederkunft – bemerkte die Ärztin auf dem Monitor, dass dem Fötus eine Arterie in der Nabelschnur fehlte und dass die damit verbundene Mangelernährung zu einer späteren Beeinträchtigung führen könnte. Dies war für die zukünftigen Eltern ein schwerer Schlag.

Bei den eigenen Kindern war uns stets bewusst, dass manch Unerwartetes passieren kann, ehe das Neugeborene da ist. Doch mit diesem Befund hatte niemand gerechnet, alles schien bisher ganz normal zu verlaufen.

Erstmals merkte ich schmerzlich, dass bereits ein emotionales Band zu diesem im Werden begriffenen Menschlein bestand. Zu einem Fötus, den ich weder gesehen noch je gespürt hatte. Wenn schon eine Beinahe-Oma solche Gefühle hat, wie muss das erst für die werdende Mutter sein!

Aus menschlichem und medizinischem Bedürfnis nach mehr Information stürzte ich mich in die einschlägige Fachliteratur und ins Internet, um mir Klarheit über etwaige Folgen zu verschaffen. Vorgeburtliche Schäden der unterschiedlichsten Art gibt es aber so viele, dass ich nach dem flüchtigen Lesen einiger Artikel über eine Reihe schrecklicher Missbildungen aufgab und mich nur wunderte, dass überhaupt noch gesunde und normale Kinder zur Welt kommen.

Seit bald 50 Jahren halten sich mein Mann und ich an das Paulus-Wort: «Weder Hohes noch Tiefes, weder Gegenwärtiges noch Zukünftiges (...) kann uns scheiden von der Liebe Gottes.» Dieser Glaube hat uns in schwierigen Situationen Kraft und Zuversicht gegeben. So auch damals, als wir der Geburt unseres ersten Enkelkindes mit Hoffen und Bangen entgegensahen.

Dann war es so weit! Ein niedliches Baby, etwas klein und leicht, blickte nach einem Kaiserschnitt in die Augen seiner erleichterten Mutter und seines stolzen Vaters. Ein gesundes Mädchen!

Die zweite Schwangerschaft verlief zum Glück ohne schlimme Überraschungen. Wer aber als Eltern annimmt, mit dem Erwachsensein der eigenen Kinder seien auch alle mit ihnen verbundenen Sorgen verschwunden, täuscht sich gründlich. Neue Ängste können bereits mit der Bekanntgabe einer Schwangerschaft von Tochter oder Schwiegertochter beginnen, und sie hören nach der Geburt der kleinen Erdenbürger und -bürgerinnen nicht unbedingt auf. Mag man sich noch so sehr dagegen wehren.

Das Sprichwort «Kleine Kinder, kleine Sorgen, grosse Kinder, grosse Sorgen» stimmt daher nur bedingt. Schon embryonale Winzlinge können zu erheblicher Beunruhigung Anlass geben.

Alle, die bedauern, dass sie weder Kinder noch Enkel haben und je haben werden, sollten wenigstens wissen, dass Buben und Mädchen für ihre Angehörigen fast immer auch schlaflose Nächte sowie begründete Sorgen bringen.

Alles hat seinen Preis

Ausser gesundheitlichen Problemen kennen wir bei Kindern und Jugendlichen eine ganze Palette von Verhaltensauffälligkeiten und psychosozialen Störungsbildern. Normalität ist bald die Ausnahme, aber was und wer ist überhaupt ‹normal›? Normal riecht nach angepasst, gedrillt, brav (igitt!), unselbständig, nicht durchsetzungsfähig, harmoniesüchtig, bescheiden (!), nach den alten repressiven Sekundärtugenden Gehorsam, Fleiss und Disziplin, das heisst nach allem, was heute dem Nachwuchs nur von sehr strengen, autoritären (Gross-)

Eltern und dann erst noch in stark verdünnter Dosierung zugemutet werden darf.

Viele Krabbelkinder wachsen sich dagegen mangels Orientierung oft zu richtigen Quälgeistern aus, während sich erstaunlicherweise – trotz starkem Gegendruck in Schule und Peergruppen – viele Jugendliche problemlos zu sympathischen, rücksichtsvollen Personen entwickeln und damit alle düsteren Vorhersagen und Studien über die heutige Jugend und deren verkacheltes Image Lügen strafen.

Wer jetzt aber glaubt, der pädagogische Umgang mit zwei Enkelinnen müsste ihrer femininen Zartheit wegen viel leichter sein als etwa mit zwei von machomaskulinen Genen gesteuerten Enkeln, der irrt.

Als aufgeklärte, in den Grossmutter-Stand tretende emanzipierte Frau las und lese ich alles, was mir an neuen Erkenntnissen zur Schwangerschaft und Geburt, zum Elternleben und der damit verbundenen hormonalen und familienalltäglichen Umstrukturierung unter die Finger kommt: Fachzeitschriften, populärwissenschaftliche Magazine, Seriöses und eher Fragwürdiges, Kraut und Rüben, alles wird gierig verschlungen.

‹Ein Gläschen Wein in Ehren kann niemand verwehren› – diesen Artikel in einem Ratgeber für Schwangere übergehe ich. Ist in diesem Zusammenhang auch eher peinlich. Sonst lautet der vorherrschende Ratgeber-Tenor: Obst, Gemüse, Spurenelemente ganz wichtig, Vitamine, jede Menge Vitamine, gesund leben, viel Ruhe, meditative Konzentration aufs Kind, Gedankenreisen in eine rosige Zukunft und Energiefelder ankurbeln zur spirituellen Kraftspende über die Blut-Hirn-Schranke zum embryonalen Chakren-System. Vitamine und kein Stress, absolut kein Stress während der Schwangerschaft (!), mehr Mozart und Bach, und ein totales Tabu von Wein, Kaffee und Zigaretten vom ersten Tag, jawohl, vom allerersten

Tag an (welche Frau kann dieses entscheidende Datum nicht nur ahnen, sondern bestimmt wissen, sicher spüren?), sonst...

Rauchende, trinkende Frauen sollen angeblich untergewichtige, kleine, manchmal gar debile Kinder kriegen. Überforderte Schwangere geben ihre Stresshormone eins zu einst ans Ungeborene weiter. Die Folge: mehr depressive Kinder, sie werden suchtanfällig und hyperaktiv, auch geistig behindert, schizophren, autistisch; immer dieses ‹Wenn–dann›, es ist zum Verrücktwerden. Durch die moderne Hirnforschung und die Untersuchung des Ungeborenen im Mutterleib auferstehen längst überwunden geglaubte Schuldzuweisungen an Mütter. Schliesslich sind sie allein verantwortlich für ihr ungesundes, gestresstes, embryo- und fötusfeindliches Leben. Und erst das Damoklesschwert: Trisomie 21, das Down-Syndrom. Was früher einmal mongoloides Kind hiess und nicht selten ein emotionaler Sonnenschein für die Umgebung war, verpflichtet heute beinahe – medizinisch streng genommen – zur Abtreibung.

Denn durch die vorgeburtliche Vorausschau erhält die moderne Schwangeren-Vorsorge noch ein anderes Gesicht. Vermutete oder vorhandene Missbildungen und mögliche geistige Beeinträchtigungen, die schon im Mutterleib festgestellt werden, übertragen den Eltern eine Verantwortung, die bis vor einem halben Jahrhundert noch als reine Utopie abgetan worden wäre. Heutige Eltern haben im wörtlichen Sinn Schicksal zu spielen. Für das Ungeborene und für sie selbst. Der Entscheidungsdruck für oder gegen eine Abtreibung, wenn am Embryo eine zu erwartende Behinderung oder ein Down-Syndrom festgestellt oder nur schon vermutet wird, belastet die betroffenen Paare sehr. Eingriffe ins genetische Programm von Embryonen können gewisse Erbkrankheiten verhindern, aber wo liegt die Grenze zum Designer-Baby?

Zum Glück sind tragische Geburtsereignisse relativ selten. Und die überwiegende Mehrheit der werdenden Mütter und Väter kann sich mit den zukünftigen Grosseltern auf den Familienzuwachs freuen.

Noch im Nachhinein muss ich mich bei unseren Söhnen entschuldigen: Kaffee trank ich in Mengen, Stress gab es bis zum Umfallen, gearbeitet hab ich bis am Tag vor der Geburt – aber wir kannten nichts anderes. Ausser Schwangerschaftsgymnastik war kein Angebot da. Weder ein meditatives In-sich-hinein-Hören-und-Fühlen noch Unterwassergeburten oder gedämpftes Licht beim Eintritt in die böse Welt. Schwanger sein war vor über 40 Jahren weder eine Krankheit noch ein Sonderfall mit viel Tamtam und Medienecho. Es gab eine grosse Zahl von Müttern mit mehr als sechs Geburten, die Pille war erst am Aufkommen, Kaiserschnitt galt nicht als ‹Geburt der freien Wahl›, sondern als medizinische Indikation, wenn Lebensgefahr für Mutter und/oder Kind bestand. Später sass der Contergan-Schock allen in den Knochen. Ein als harmlos deklariertes Schmerzmittel liess Babys mit schwersten körperlichen Behinderungen zur Welt kommen.

Wenigstens durfte mein Mann schon als einer der ersten Väter in Zürich während der Geburt dabei sein, ein Novum und alles andere als selbstverständlich. Väter, so dachte die Ärzteschaft, stören da nur.

Als neurowissenschaftlich nicht ganz unbedarfter und an den Prozessen im Gehirn interessierter Mensch glaube ich trotzdem, dass die Hirnforschung nicht der Weisheit allerletzter Schluss ist, wenn auch ein äusserst interessanter und zukunftsträchtiger Wissenschaftszweig. Aber auch Studienergebnisse können sich stark unterscheiden, je nachdem, wer die Untersuchung in Auftrag gegeben oder durchgeführt hat. Die heutige Genforschung gehorcht dem gegenwärtigen Trend: Die

Wurzel allen Übels und der Schlüssel zum Erfolg liegen in unseren Genen. Dass der Umgang mit Veranlagungen und die Einflüsse der Umwelt ebenfalls eine wichtige Rolle spielen, wird dabei gern ignoriert.

Manchmal helfen Vernunft und entsprechende Relativierung nur wenig. Kaum schloss ich nachts die Augen, überfielen mich düstere Bilder. Missbildungen, Nabelschnüre, die zu erstickenden Schlangen wurden, das Leben gefährdende Stellungen von Föten... der plötzliche Kindstod... verunglückte Kinder, tausend theoretisch mögliche schlimme Zwischenfälle geisterten durch meine Fantasie.

Apokalyptische Imaginationen einer Grossmutter-Glucke. Glucken im Oma-Alter legen leider noch einen Zacken zu. In ihrem langen Leben haben viele manch schlimme Erfahrungen selber gemacht oder ihnen Nahestehende wurden von Schicksalsschlägen getroffen.

Statt mir zu sagen, dass «selten so heiss gegessen wie gekocht wird», denke ich oft auch heute noch: Es muss ja nicht immer andere treffen. Mein Mann dagegen behält auch hier seine positive Sichtweise: «Weg mit den Sorgen, hin zu guten Gedanken. Die haben eine bessere Ausstrahlung und können genauso viel bewirken wie eine pessimistische Haltung.»

Jahr um Jahr lösen sich nun kleinere gesundheitliche Rückschläge und Fortschritte der beiden Mädchen ab, bereichern unser Leben und halten Eltern und weitere Bezugspersonen in Atem.

Einmal kommt die Mitteilung, die gut einjährige Sofia habe eine bedrohliche Virus-Lungenentzündung, die Mutter müsse am Abend arbeiten, der Vater übernachte in der Klinik und ich solle die knapp zwei Jahre ältere Schwester dort abholen und nach Hause bringen. Umgehend fahre ich ins Kinderspital

Basel und zerre die sich heftig wehrende Adele aus den Armen ihres Papas, weg vom Schwesterchen, trage das heulende und zappelnde Kind auf dem Arm ins Tram und zum Bahnhof und fühle mich dabei wie eine Kindsentführerin. Zum Glück erholt es sich in der Bahn in Sekundenschnelle.

Ein andermal ists ein Beinbruch des jüngeren Wildfangs Sofia, dann reisst sie sich beinahe den Nagel des grossen Zehs ab, fällt ein paar Mal von Tisch und Stühlen. Sie ist eindeutig unvorsichtiger, auch mutiger, sieht fast keine Gefahren und verletzt sich manchmal dabei. Adele, eher ängstlich-schüchtern, machte in den ersten Jahren ihrem Namen durch vornehme Zurückhaltung alle Ehre. Inzwischen hat sie aber an Robustheit und Wagemut recht zugelegt.

Die Mädchen wachsen in einem kreativen Umfeld auf. Ihre Eltern sind künstlerisch tätig; an Bilderbüchern, bunten Stoffresten und Malutensilien herrscht Überfluss. Und die Grossmutter vor Ort hat dem Nachnachwuchs schon früh jede Schwellenangst vor Bibliotheken genommen. Ein Berner Sennenhund und drei Katzen, vertraute Gefährten, ein ertragreicher Gemüse-, Blumen- und Obstgarten animieren die Kids zum Helfen. Sie sind in mancher Hinsicht privilegiert. Das ist uns auch bewusst, kennen wir doch andere Verhältnisse zur Genüge. Alles in allem ein Kinderparadies.

Wozu sich da trübe Gedanken machen? Doch schon erwischen mich wieder neue Bedenken: der Schulweg! Die landschaftlich ideale Abseits-Lage hat auch einen Nachteil: Verschwundene Kinder sind in den Medien immer wieder Thema. Die diffusen und begründeten Ängste führen uns vor Augen, dass auch Kindeskinder ihren emotionalen Preis haben. Wenn etwas niemals umsonst zu haben ist, dann jene Menschen, die uns lieb und anvertraut sind.

Noch heute schrecke ich manchmal schwitzend und mit Herzrasen auf und merke erleichtert, es war ein Alptraum. Kein Kind liegt platt gewalzt unter meinem Körper im Bett, ich stehe nicht an einem Fluss und starre in die wilden Wellen, welche kurz zuvor Adele verschluckten, Sofia ist nicht verschwunden und ich habe keine Veranlassung, sie verzweifelt und erfolglos zu suchen. Das Schlimmste in solchen Träumen sind die Überlegungen, wie ich die schreckliche Nachricht den Eltern überbringe: Soll ich mich meiner Schuld (der vernachlässigten Aufsichtspflicht) stellen oder sofort möglichst unbemerkt weit weg fliehen, mich für den Rest des Lebens verstecken?

Bisher habe ich jeden Versuch unterlassen, diese Träume zu deuten. Ihr Inhalt spricht ja ziemlich für sich und wirft nicht unbedingt ein positives Bild auf die Träumende, aber wer kann schon seine Träume schönen?

Manchmal denke ich, wie unbeschwert ich mich – im Vergleich zu heute – mit Problemen anderer Eltern und ihren Heranwachsenden damals befassen konnte, in jener fern scheinenden Zeit, da die eigenen Söhne erwachsen waren und noch kein Nachwuchs in meinen Träumen auftauchte.

Zurück in die enkelinnenlose Vergangenheit würde ich dennoch um keinen Preis wollen!

... Grosseltern sein dagegen sehr

«Vater werden ist nicht schwer, Vater sein dagegen sehr.»

Wie wahr und wie prägnant, dieser Satz von Wilhelm Busch, dem ersten deutschen ‹Comiczeichner› und Meister im Beobachten der Schwächen seiner Mitmenschen.

Für Frauen hingegen ist Mutterwerden schon von Beginn an, zumindest aber gegen das Ende der Schwangerschaft hin schwerer, nährt sich doch das wachsende Leben in ihrem Bauch von ihrer Substanz, beansprucht immer mehr Raum und legt ebenfalls an Gewicht zu. Ein Kind zur Welt zu bringen, ist zwar das Erlebnis schlechthin, aber nicht immer ein Schleck. Es sei denn, die Mutter delegiere Schwangerschaft und Geburt an eine Leihmutter, was Gott sei Dank bei uns noch eher selten der Fall ist.

Die Mehrzahl der Eltern entscheidet sich bewusst für ein Kind, bei einigen entsteht es ungewollt, was sich auch im Zeitalter von Pille und sexueller Revolution nicht immer vermeiden lässt. Andere warten vergeblich jahrelang auf die Erfüllung ihres vorrangigen Wunsches: ein eigenes Kind.

Die Grosselternschaft ist also ein gutes Stück weniger selbstverständlich, als Eltern zu werden. Nicht alle Söhne und Töchter zeugen oder gebären Kinder, und nicht alle Ompas haben das Glück, die Geburt des ersten Enkelkindes überhaupt zu erleben. Omas sind diesbezüglich zwar von Natur aus dank ihrer durchschnittlich längeren Lebensdauer etwas privilegierter (siehe auch Kapitel Allo-Eltern).

Immer öfter stöhnen jedoch Mütter und Väter unter den ungeahnten Folgen ihres Kinderwunsches.

Nicht umsonst ist der letzte Schrei in den USA nicht etwa der normale Schrei neugeborener Babys, sondern ein Elternblog, in dem sich diese über ihre ungezogenen Göttersöhne und Wundertöchter beklagen, deren bizarre Unarten anschaulich zum Besten geben und die zerstörerischen Spuren ihrer Vandalen-Brut erst noch fotografisch im Netz dokumentieren.

Ein absolutes Novum, dass Mütter ihre Kinder für Tausende sichtbar an den Facebook-Pranger stellen und sich empört (aber mit einer Art unterschwelligem Stolz, versteht sich, sonst würden sie es ja nicht tun) darüber auslassen, dass zum Beispiel der Sohn den Mercedes absichtlich mit der Garagentür zertrümmert oder die Tochter, diese fiese Göre, den neuen superteuren Teppich mit ausgespuckten und absichtlich platt getretenen Kaugummis übersät und das Gewebe so praktisch zerstört hat. Das Bemühen, sich mit den Schandtaten ihrer missratenen Nachkommen gegenseitig zu übertrumpfen, kennzeichnet diese Blogs und will vermutlich das angeblich so schwere Los moderner Mütter aufzeigen. Pervertiertes Elternglück?

Verhalten sich solche Frauen bewusst so egozentrisch? Nicht nur den Kindern gehört eine Rüge, in erster Linie geht sie an die Adresse ihrer publizitätsgeilen, narzisstischen Moms.

Wir Ompas hätten das Vorrecht und die Freiheit, die Betreuung derart verzogener Rangen zu verweigern oder, sofern wir uns das zutrauen, den lebenslangen Vorrat an Erfahrungen im Umgang auch mit schwierigeren Kindern und Jugendlichen gründlich auszuschöpfen. Leider reicht dieser jedoch auch im normalen Alltag mit verzogenen Kids nicht immer aus. Und dann beginnt bei vielen der stolz ihre Enkel bewundernden Frauen und Männer die erste Ernüchterung. Enkelkinder entstehen ohne die geringsten Bemühungen seitens der Grosseltern. Mit ihnen im Laufe ihrer Entwicklung jedoch immer klarzukommen, ist dagegen für manche Ompas äusserst anstrengend.

Im Grosseltern-Dasein gibts verschiedene Phasen: Heiteres und Schweres halten sich bestenfalls die Waage. Beunruhigungen unterschiedlicher Art bleiben nirgends ganz aus, und manchmal wird auch die anfängliche Harmonie zwischen den Generationen phasenweise getrübt. Das Fazit kann vermutlich erst nach Jahren gezogen werden, und dann wahrscheinlich mehrheitlich aus Sicht der erwachsenen Enkel und Enkelinnen.

Weitere Schwierigkeiten für Ompas sind oftmals situationsbedingt. Grosse Entfernung zu den jungen Familien, lange Betreuungszeiten, altersbedingte Schwächen, Krankheit, die schon erwähnte pädagogische Überforderung, Zwistigkeiten mit Söhnen, Töchtern oder Schwieger‹kindern› und – zum Glück eher selten – ein totales Zerwürfnis zwischen Alt und Jung.

Es gilt zuerst, sich an die Grosselternschaft zu gewöhnen, beginnend mit der Suche nach dem passenden Namen. Nein, nicht für das Kind. Dessen Namensgebung sollte allein Sache der Eltern sein. Wir Ompas mögen uns noch so gegen den vorgeschlagenen oder schon vereinbarten Namen sträuben. Er geht uns rein gar nix an.

Adele, wie ungewohnt und unpassend fand ich diesen Namen. Zora hätte mir viel besser gefallen, ein Name wie ein Programm für Power, Mut und Ich-Stärke. Adele dagegen klang für mich wie aus einem Adeligenkalender im 19. Jahrhundert. Inzwischen ist Adele für mich einer der schönsten Mädchennamen überhaupt geworden. Und zu ihrer Trägerin optimal passend. Sofia gefiel mir auf Anhieb. Mein Mann fand, Sophia wäre noch schöner gewesen. Aber ph oder f ändert ja nichts am Klang.

Mitbestimmen wollen und sollen Ompas aber, wenn es um ihre eigene Bezeichnung in der Familie geht. Riesig ist die Auswahl ja nicht gerade. Mütter und Väter werden plötzlich zu Grosis, Grossvatis und Grossmüetis, und damit gehören sie automatisch zu den Alten, mögen sie sich noch so jung fühlen und wirklich auch sein.

Vier Grosseltern, zwei Parteien – bei sogenannten Patchwork-Familien wirds noch komplexer: Wer heisst nun wie? Die Benamsung ist oft recht kompliziert. Oma und Opa, Omama und Opapa muten in der Schweiz ziemlich teutonisch an, Grossmama und Grosspapa ebenfalls. Und erst noch übertrieben bürgerlich. Neni und Nani, Nane, Nana sind ältere Bezeichnungen, teils im Romanischen noch üblich, Nonno und

Nonna ist italienisch, Grossmueti, Grossvati, Grossätti gehören eher dem Berner Dialekt an, Grosi, häufig verwendet, tönt etwas altbacken, und das uns vertraute Grossmami/Grosspapi ist nicht selten bereits von den Schwieger-Grosseltern besetzt; Grossmutter und Grossvater klingen irgendwie gemütsarm, allzu offiziell und für unsere Ohren nach trockener Standardsprache. Und überhaupt: Man fühlt sich doch altershalber noch in keiner Weise grosselterlich. Das pure Wort Grosi oder Opa assoziiert: «Urgestein, die gehören nicht mehr zu uns.» Faktisch stimmt das zwar nur bedingt, aber gegen Vorurteile kommen Tatsachen nur schwer an.

Immer mehr Kinder leben heute in Patchwork-Familien (mit Söhnen und Töchtern aus ersten, zweiten und mehr Ehen) und haben manchmal sogar bis acht einzelne Ompas. In einigen Fällen werden die zugewandten Kids leider total ignoriert. Fehlende Blutsbande, so lautet dann die sachlich-kühle Begründung. Manche aber werden von ‹familienfremden› Grosseltern genau wie die eigenen Enkel und Enkelinnen behandelt. Dann gibts etwa ein Züri- und ein Basler-Grossmami, einen Berner Grossätti, einen welschen Grand-père und die Luzerner Grosseltern.

Moderne Mütter und Väter lassen sich heute weit weniger beim Vornamen rufen als in den 68er-Jahren. Es hat sich inzwischen wieder die überpersonale Namensgebung durchgesetzt. Der Gattungsbegriff: Mama, Papa, Oma, Opa etc. Bis zum Kindergartenalter sind Eltern ja auch numinose Instanzen: ohne Alter, ohne Biografie, allwissend, unsterblich und fehlerfrei. Erst wenn sich die Kleinen für ihre Eltern als Individuen zu interessieren beginnen und erkennen, dass Mama und Papa Vornamen und eine Vergangenheit haben, und ihnen bewusst wird, dass Eltern die Kinder der Grosseltern sind, benützen sie von sich aus ab und zu deren Eigennamen.

Eigentlich wäre es ja viel einfacher, wenigstens die Ompas bei ihren Vornamen zu nennen. Aber vielen ist das zu kumpelhaft.

Unser Sohn beendete nach der Geburt seines ersten Kindes kurzerhand das Werweissen seiner Eltern und bezeichnete uns beide mit dem sinnvollen Kürzel ‹Ompa›. Ein Wort aus dem Sparpaket. Witzig, aber wie der Name ‹Mapi› für Mami und Papi auf die Dauer nicht alltagstauglich. Doch da wir als Grosseltern oft zu zweit aufkreuzten, war das erst mal kein Problem.

Kaum konnte sie ein paar Silben sprechen, sagte Adele zu uns aber nicht Ompa, sondern Nana und Nono. Das Wort Grossmami, für die Mutter mütterlicherseits, ersetzte sie durch das zweisilbige Meme, und der leider verstorbene zweite Grossvater wird von seiner Enkelin posthum Momo genannt. Zweisilbige Namen entsprechen offenbar genau dem Artikulier-Vermögen von Krabbelkindern, denn ein Junge aus unserem Freundeskreis nannte seine Grossmutter von sich aus ebenfalls Meme. Auch Nana ist ein gängiger Name für Grossmütter. Alle andern gebräuchlichen Bezeichnungen sind für die meisten Babys in der Zweisilbenwort-Phase sprachliche Ungetüme und werden von ihnen durch einfacher auszusprechende Wörter automatisch ersetzt. Gut möglich, dass diese Rufnamen den Grosseltern bis zu ihrem Tod anhaften.

Fast alle Ompas, die ich kenne, gewöhnen sich nach einer kurzen Anpassungsphase, die eher einem tiefen Atemholen als einer existenziellen Neuausrichtung gleicht, stolz an den neuen Stand. Wenn mein Mann und ich jeweils einzeln oder gemeinsam von unsern ‹Enkelinnentagen› mit der SBB heimfahren, zehren wir vom Zusammensein mit den Kindern. Ganz gleich, wie sehr uns der Rücken und oft alle Gelenke schmerzen. Vom vielen Bücken, Tragen, treppauf, treppab, vom Wettrennen und vom Spiel als Hund, Fuchs oder Bär.

Grosseltern werden ist nicht schwer. Schwerer wiegt die Verantwortung, wenn uns tage- oder wochenweise die Kinder allein anvertraut sind.

Kleine und grössere Schwierigkeiten bleiben auch den Grosseltern mit einem häufigen und guten Kontakt zur jüngeren Generation nicht erspart: innerfamiliäre Auseinandersetzungen, Erwerbslosigkeit oder Überforderung von Söhnen, Töchtern, Krankheiten der Enkel, physischer und psychischer Natur. Auseinandersetzungen um kontroverse Ansichten, kurz: Die ganze Bandbreite elterlicher Leiden (nebst unvergleichlich vielen schönen Erlebnissen) verschont auch Grosseltern nicht. Auch ihnen kann der Geduldsfaden reissen, auch sie stossen im Umgang mit dem Nachwuchs an ihre Grenzen, und es gibt Familien, da streiten sich die Generationen dauernd darüber, was denn nun das richtige Verhalten gegenüber frechen Rotznasen und schnippischen Gören sei. Im Unterschied zu den Eltern tragen Ompas jedoch weder die Hauptlast noch die ganze Verantwortung im Umgang mit den Enkeln.

Und noch etwas: Wir können nicht allein auf unsere früheren Erfahrungen zurückgreifen und aus ihnen schöpfen, wenn wir die kleinen Enkelkinder betreuen dürfen oder müssen. Plötzlich spüren wir unsere Jahrringe. Muskeln, von deren Existenz wir vor Jahren keine Ahnung hatten, machen sich unangenehm bemerkbar. Wir laufen mit den Kleinen um die Wette, obschon uns das Herz wild klopft, und wir hieven die neuen Megakarossen von Kinderwagen in die Strassenbahn, obschon wir unter ihrem Gewicht fast zusammenbrechen. Und denken dabei wehmütig an die einfachen, bescheidenen, aber dafür leichter zu handhabenden Transportmittel, in denen unsere Kinder herumkutschiert wurden.

Früher oder später fordert das Alter seinen vollen Tribut. Niemand kann verhindern, dass irgendwann die Körperkräfte nachlassen, was manchen Tätigkeiten von selbst einen Riegel vorschiebt. Tages- und Radtouren, Fussballspiele, Wandern in den Bergen und andere sportliche Unternehmungen mit den Kindeskindern fallen nach und nach oder auch abrupt weg.

Ompas brauchen aber gar nicht immer überall mitzutun. Oft sind sie mehr als Auftankstation für die kleinen und grossen Nöte der Nachkommen aller Altersstufen im Hintergrund da. Bis irgendwann vielleicht auch die geistige Präsenz nachlässt und sie nach ihrem Tod im Idealfall einen Ehrenplatz im Erinnerungsspeicher ihrer Enkel und Enkelinnen erhalten.

Kleine Geschenke und Indianerehrenwort

Grosseltern sein geht über weite Strecken mit einer Art Hochgefühl einher. Aber, wie bereits gesagt, die Betreuung der kleinen Wildfänge ist nicht immer eitel Honigschlecken. Geschweige denn die gelegentliche Verantwortung für Jugendliche in der pubertären Hochblüte.

Der ohnehin unverdiente Stolz auf den Nachwuchs der eigenen Töchter oder Söhne verpufft von selbst, wenn sich die kleinen Strahlewesen in Sekundenschnelle zu renitenten, störrischen «Nein, ich will dies und jenes»- oder «Das aber will ich nicht»-Trotzköpfen umwandeln und konsequent jede Aufforderung mit «Nein, nein, nein» und lautem Geschrei quittieren. Verbringen sie ein paar Ferientage bei ihren Ompas, offenbaren die Kinder bald einmal alle Facetten ihrer guten, aber auch die der weniger gern gesehenen Anlagen und Gewohnheiten. Angeboren, vererbt (und wenn ja, von welchem Erbgut?!) oder durch falsches Verhalten der Umwelt erworben? Während wir uns noch den Kopf darüber zerbrechen und rasend schnell in unserm Gedächtnis nach ähnlichen Auftritten der eigenen Kinder respektive der Eltern der kleinen Monsterkinder forschen, reissen die Sprösslinge uns mit ihrem Gezeter brutal in die Gegenwart zurück und lassen uns die eigene pädagogische Ohnmacht drastisch erfahren.

Nicht immer ist es einfach, den Zugang zu einem alles verweigernden Enkelkind zu finden. Oder Gelassenheit zu mimen, wenn der Junge oder auch das Mädchen aus anscheinend uneinsichtigen Gründen plötzlich Kleider und Spielzeug wegwirft, die ganze kleine Person durch und durch auf beleidigte Leberwurst macht und steinerweichend, als würde sie schwer misshandelt, «Mamiii, Mamiii, Papiii» schreit.

Ruhe bewahren, die eigene Fantasie ankurbeln und, falls es sich um ein Kleinkind handelt, nach Ablenkung suchen oder ganz cool mal das emotionale Gewitter über sich ergehen lassen. Ganz selten laut werden, nicht ausrasten, niemals schlagen und schon gar nicht hysterisch den Kopf verlieren und unmögliche Drohungen ausstossen. So rasch im Allgemeinen Zwei- bis Siebenjährige aus dem innern Gleichgewicht geraten, so schnell ist die Welt für sie nach dem Ausbruch wieder in Ordnung, sofern sie sich bei ihren Ompas gut aufgehoben und mit all ihren Schwächen zwar akzeptiert, aber auch nicht gerade allmächtig fühlen.

Mit guten Vorsätzen sei der Weg zur Hölle gepflastert, behauptet der Volksmund. Das gilt auch in der Auseinandersetzung mit jenen Enkelkindern, die sich wie kleine Teufelchen gebärden. Nur, dass wir nicht in der Hölle landen, sondern unter der Fuchtel unseres eigenen Fleisches und Blutes. Und damit an unserem eigenen Erbmaterial oft fast verzweifeln. So alt – und so hilflos gegen das weitergegebene egoistische Gen. Zum Glück tröstet uns ein jüngst erschienenes Buch mit dem Titel: ‹Gene sind kein Schicksal›. Aber sie sind auch kein Grund für billige Ausreden!

Die vor kurzem noch so brave Anina, der witzige Tom oder der schüchterne Max: Was ist nur plötzlich in sie gefahren? Professionell agierende Horrorfilmkids, nur weil ihre Mütter oder Väter die Kleinigkeit verlangten, zwei Teller zur Spüle zu tragen, das Spielzeug wegzuräumen, sich den Pyjama anzuziehen und die Zähne zu putzen?

Uns widerfuhr Ähnliches, als unsere Enkelinnen nach einem kleinen Stadtspaziergang mit einem ‹Züri-Fäscht›-Ballon und einem ‹Kikeri› krähenden, umherstolzierenden und flügelschlagenden Hahn zurückkehrten. Begehrte Objekte, die sie zu sich nach Hause nehmen durften, sofern sie sich einigermassen brav (auch so ein Gummi-Begriff aus der Pädagogenecke) verhalten würden. Wenn nicht, müssten Ballon und Gockel in Zürich auf ihre nächsten Ferien warten. Mit einem Indianerehrenwort war der Deal abgemacht und mit Handschlag besiegelt worden.

Bald darauf flippte Sofia total aus, weil sie sich partout nicht vor der Gute-Nacht-Geschichte schlaffertig machen wollte.

Als die Kleine – mit ihrem Dauergebrüll von der Dezibelstärke einer Motorfräse – gegen uns bereits den Verdacht hätte aufkommen lassen können, wir seien prügelnde und Kinder misshandelnde Wüteriche und nur zum Schein als Grosseltern getarnt, hielt ich das zappelnde Ungeheuer auf meinem Schoss fest und flüsterte in sein niedliches Öhrchen: «Indianerehrenwort» und «Güggel kriegt Ohrenweh von deinem Geschrei und bleibt dann besser in Zürich.»

«Nein, nein, nein, ich will den Pyjama nicht anziehen. Ich will nicht», brüllte sie unentwegt weiter, und zwar so laut und herzzerreissend, dass ich beinahe schwach wurde. Nicht zuletzt wegen der Nachbarn! Dann aber wurde es mir doch zu arg.

«Ich aber will es», rief ich lauter als üblich. «Ich bin schliesslich auch jemand, nicht nur du. Jawohl!»

Überraschend brach das Geschrei ab, sie beruhigte sich, weiter geschüttelt von heftigen Schluchzern, während ich sie in den Armen hielt.

Von da an brauchte ich die beiden Tage bis zu ihrer Heimreise bei einem aufziehenden Trotzanfall nur zu sagen «Sofia, du weisst es, ein Indianerehrenwort gilt» oder «Der Hahn möchte doch gern mit dir heimreisen», und die Stimme der Kleinen nahm sofort einen fast normalen Tonfall an.

Die Heuler-Taktik, um etwas zu kriegen oder nicht machen zu müssen, ist eine beliebte und sich sehr bewährende Strategie kleiner Pippilangstrumpfs und kleiner Lausbuben. Im Vergleich zu ihren übermüdeten Bezugspersonen mit einem von Alltagspflichten und -problemen strapazierten Nervenkostüm besitzen die engelsgleich aussehenden Nervensägen einen geradezu unerschöpflichen Vorrat an Energie im Werfen von kleinen Gegenständen und an stimmlicher Ausdauer, bis sie heiser sind.

Als Sofia daheim wieder mal einen Trotzanfall hatte, schimpfte ihre Mama laut.

Darauf sagte die Tochter: «Sei still, du Schreihals!»

«Sagt das deine Kindergärtnerin jeweils zu dir?»

«Nein, die weiss gar nicht, dass ich ein Schreihals bin.»

Schöner könnte die Kleine gar nicht ausdrücken, dass sie ihr Geschrei bis zu einem gewissen Grad bewusst einsetzt, um sich etwas zu erpressen, aber auch, um einen Machtkampf gegen die Erwachsenen zu gewinnen.

Selbstverständlich dürften auch Grosseltern nicht dauernd mit kleinen Geschenken die Enkel zu einsichtigem Verhalten bewegen, aber von Zeit zu Zeit liegen besonders bei kleinen Kindern positive Verstärker durchaus im Rahmen des Vertretbaren.

Als Ansporn können wir auch eine strahlende Sonne auf ein grosses Blatt malen oder kleben. Darunter kann das Kind als

Belohnung für kleine Leistungen (Aufgaben sorgfältig machen, aufräumen, Tisch decken, weniger lärmen, bittere Medizin nehmen, ohne Theater zu Bett gehen etc.) jeden Abend eine neue Blume oder ein Tier zeichnen. Nach fünf Tieren oder Blumen gibts als Anerkennung eine Kleinigkeit. Die wird vorher mit dem Kind ausgemacht. Ohne es zu bemerken, gewöhnen sich die Kleinen nach und nach an ein weniger lautes, unbeherrschtes oder rücksichtsloses Verhalten, und die Belohnung ist mit der Zeit gar nicht mehr nötig.

Sogar bei meinen schwierigen Schülern damals funktionierte der einfache Trick: Ein gemalter Baum auf einer grossen Korktafel mit Ästen in abgestufter Höhe und einer Sonne reichte als Anreiz. Jeder Schüler fertigte ein Symbol an mit seinem Namen und durfte sich nach seiner Selbstbeurteilung am Ende der Unterrichtsstunden einen Ast höher oder tiefer platzieren. Das Urteil der Kollegen diente bei einer Fehleinschätzung als heilsames Korrektiv. Wer die Sonne erreichte, erhielt eine ganz kleine Belohnung und begann wieder von vorn. Wichtig war dabei, den Jugendlichen das Ganze als Einübung in die Selbstbeurteilung und auch als Wettbewerb schmackhaft zu machen. Sonst fanden sie, das sei «doch nur Kindergarten, gehts noch, Mann, aber nichts für uns.» Was bei relativ abgebrühten Schwererziehbaren gelingt, wird bei ‹normal erzogenen› Kindern kaum fehlschlagen, ohne dass man/frau heilpädagogisch ausgebildet sein muss.

Das Indianerehrenwort wirkt ähnlich wie ein Zauberspruch. Besonders in der magischen Periode der Kindheit, wenn Buben und Mädchen noch zwischen Realität und Fiktion hin- und herswitchen, genügt es, mit einem kräftigen Handschlag zu beteuern: «Indianerehrenwort! Das bricht man nicht.» Das Kind wiederholt den Satz mit Blickkontakt. Die anspornende

Wirkung der unspektakulären Handlung liegt im rituellen Charakter. Und in der Regel genügt bei einem ‹Rückfall› die Erinnerung an das gegebene Versprechen. Nützlich zum Beispiel, wenn es etwa in einer Wohnung um die Dämpfung des Lärmpegels geht. Kinder dürfen ruhig lernen, dass nicht alle Mitbewohner sich rund um die Uhr an wiederholtem Kindergeschrei, Möbelverschieben und Getrampel ergötzen mögen.

Wer wie unsere Enkelinnen sonst in einem Haus in ländlicher Umgebung aufwächst, benötigt beim Besuch in einer Mietwohnung ein wenig Nachhilfe. Die Stadt bietet als Gegengewicht eine Fülle an Interessantem, die gewisse Einschränkungen bestens ertragen lässt.

«Du bisch alt, und ich bin frisch!»

Es ist keine zwei Jahre her, da überraschte mich die damals vierjährige Adele auf einem Spaziergang mit der Feststellung: «Nana, du bisch alt, und ich bin frisch!» Päng. Das sass.

Hätte sie sprachlich korrekt gesagt: «Du bist alt, und ich bin jung», wäre das eine sachliche Feststellung gewesen. Du alt – ich jung. Wie: Du gross – ich klein. Aber durch diese explizite Betonung der Frische ihres noch jungen Lebens geriet der anschauliche Vergleich mit Lebensmitteln ins Philosophische und der unschuldige Satz erhielt für mich eine Bedeutung, die mir den unbeschwerten Sommermorgen kurzfristig verdüsterte.

Nicht, dass ich meine damals 77 Jahre irgendwie durch Nachhilfe mittels Kosmetik, Schönheits-OPs, Diäten oder Sport zu kaschieren versucht hätte, habe ich doch mein Alter nie verheimlicht – dazu fehlten mir Zeit und Leidensdruck. Ausserdem bin ich eher faul, ein Sport-Muffel und somit auch kein Fitness-Fan. Mich nerven die klackernden Stöcke der alten

Nordisch-Walker; und die keuchenden Seniorengruppen, die ihren jogginggeschädigten Gelenken den Rest verpassen und mit hängender Zunge knapp vor dem Herzinfarkt die Kurve kriegen, sind mir überhaupt kein Vorbild. Doch jedem das Seine. Hauptsache, ich fühle mich trotz meiner Jahrringe jung geblieben, körperlich und geistig noch recht beweglich und neugierig der Gegenwart zugewandt. Ja, eigentlich bin ich innerlich gar nicht sooo alt geworden. Ein Geschenk. Was sollten mich da die sich stetig vermehrenden Falten und Pigmentflecken ärgern?

Trotzdem. Aus dem Mund der kleinen Adele klang die trockene Feststellung «Du bist alt, und ich bin frisch» wie ein Verdikt: Du welkst, du bist bald Kompost. Ich dagegen stehe ganz am Anfang meiner jugendlichen Blütezeit!

Wer, ausser einem kleinen Kind, kann die Altersproblematik so kurz und ehrlich auf den Punkt bringen?

«Das macht gar nichts, das muss ein Hund auch lernen!»

Vor einiger Zeit kauerte ich mit angezogenen Knien und Armen auf einer harten, feuerfesten Bodenplatte, den Kopf zwischen die ‹Vorderpfoten› gelegt, mit einer Leine um den Bauch, die am schwarzen Schwedenofen befestigt war. «Sei brav, Hundi, leg dich hin, wir müssen den ganzen Tag arbeiten und vorher noch Listen erstellen», befahlen mir unsere Enkelinnen und kritzelten emsig mit ihren Fantasieschriften einen nicht enden wollenden Pflichtenkatalog auf viele kleine Papierfötzel. Dazu klagten sie über den Stress durch Sitzungen, Arbeit am Computer, Einkaufen, Wäsche aufhängen, Kochen und Abholen ihrer Puppenkinder aus Krippe und Kindergarten.

Zwischendurch verlangten sie von mir, fiktive fremde Hunde und böse Männer anzubellen, mit der Nase an allem zu schnuppern, die Zähne zu blecken, zu fletschen und meine ‹Krallen› zu zeigen. Von Zeit zu Zeit musste ich auf allen vieren brav hinter den beiden hertrotten, wenn sie ihren Hund auf einen improvisierten Spaziergang mitnahmen, und kriegte dafür als Belohnung einen Fressnapf mit ein paar Legosteinen. «S isch nu zum Spile, weisch, nid in ächt», flötete Sofia.

«Mir ist so langweilig», knurrte ich im Bemühen, mich möglichst hundeartig auszudrücken. «Das macht gar nichts, das muss ein Hund auch lernen», wurde ich kaltblütig zurechtgewiesen. Während ich die ‹Schnauze› gehorsam wieder auf den Boden presste und wie ein gut dressierter Vierbeiner, aber mit schmerzenden Menschengelenken auf der harten Unterlage herumrutschte respektive die Mädchen belauschte und beobachtete, kam mir in den Sinn, wie ich mich noch vor wenigen Jahren über die stolz ihre Kindeskinder präsentierenden Omis und Opis mokiert hatte. Und hätte ich damals eine bald 79-Jährige in dieser unmöglichen Haltung erblickt, hätte ich gedacht, sie müsse schon gewisse kognitive Defizite aufweisen, bis sie freiwillig eine in ihrem Alter derart unübliche Stellung auf dem Stubenboden einnähme. Zu ähnlichen Überlegungen kam auch Nono, der Grossvater, als er unlängst als Baby-Bub krank zu sein hatte und eine Unmenge an Spritzen kriegte.

Die Erfahrung zeigt: Wir sind zwar alt (für Erst-Grosseltern sogar sehr alt) und daher alles andere als frisch, aber noch nicht so eingerostet, dass wir nicht wieder zu Kindern werden können – wenn es die Situation erfordert. Das Hunde-Erlebnis ist kein Anzeichen beginnender Senilität, solange wir uns nach dem Eintauchen in die Fantasiewelt der spielenden Kinder jederzeit wieder im realen Leben orientieren können. Die Wirklichkeit ist zwar weniger unbeschwert, aber wir finden uns in ihr noch immer gut zurecht. Unser Alltag spielt sich im Heute ab. Wir sehnen uns weder nach der ‹guten alten› Zeit noch dreht sich unser Denken ständig um die Vergangenheit. Mit bald 80 nicht mit massiven Gedächtnisstörungen und zeitlichen Orientierungsproblemen kämpfen zu müssen: Das allein ist Gnade und rückt andere Altersbeschwerden und Sorgen in den Hintergrund. Im fortgeschrittenen Alter als Spielgefährtin kleiner Kinder erwünscht zu sein, wirkt verjüngend. Und erst noch nachhaltiger als jeder Sport und sämtliche Erfindungen der Kosmetikindustrie.

«Bauchweh, Aug weg und Blut im Bett»

Das tönt ganz nach schlechtem Krimi oder Horrorfilm, ist aber ein authentischer Ausspruch unserer jüngsten Enkelin.

Nach einer Katarakt-Operation (grauer Star) erhielt ich einen dicken Verband übers linke Auge und die Mädchen bekamen dies in Form einer von ihnen gewünschten Fotografie mit. Via Telefon erfuhren sie kurze Zeit später, dass ihr Nono drei Tage nach einer Operation blutend in seinem Spitalbett erwachte und das Leintuch ebenfalls voll Blut war. Er überstand den Zwischenfall unbeschadet.

Kurz darauf spielten die beiden Schwestern mit ihren Puppen und dem Teddy und liessen dabei ihrer kindlichen Fantasie in Bezug auf unsere Gebresten freien Lauf. Mit den Instrumenten aus ihrem kleinen Arzt-Köfferchen behandelten sie ihre Puppenkinder, massen ihnen die Temperatur, gaben Spritzen und legten Verbände an.

«Was haben denn eure Kleinen?»

«Ach, die sind ganz schlimm krank. Bauchweh, Aug weg und Blut im Bett. Diese hat ganz stark geblutet, alles voll, die Kleider, einfach alles, ich musste sie ganz neu anziehen.»

«Meine Lisa hat ein Aug weg, sie ist unter ein Auto gekommen und hat alles gebrochen, die Hände, die Finger, die Beine, einfach alles und dazu haben beide Kopfweh, Fieber und Bauchweh.»

Bei ihren horriblen Diagnosen kugelten sich die Puppenmütter und Ärztinnen in Personalunion vor Lachen und verpassten den bedauernswerten ‹Bäbis› über jedem Auge einen Verband. «Jetzt sind beide Augen weg», strahlten sie.

Ein Anzeichen neuer Grausamkeit bei Mädchen? Das Vorspiel auf später auszuführende Gräueltaten? Keineswegs! Es war nichts anderes als die Verarbeitung von Informationen, die sie geängstigt hatten. Ein heilsamer, geradezu therapeutischer Vorgang.

Indem die beiden ihrem Verständnis entsprechend die Folgen einer Augenoperation und einer Blutung in ihrer Fantasie nachspielten – und das in Gegenwart ihrer inzwischen wieder gesunden Ompas –, verloren Spital, Operation und Blut etwas von ihrem heimlich Angstmachenden.

Puppenkinder werden auch sonst immer wieder mal geschlagen und gepiesackt, unverzüglich daraufhin aber getröstet und zärtlich gestreichelt. Sie und manche Schmusetiere kommen in den Genuss des aktuellen medizinischen Wissens kleiner Kinder, das eins zu eins an ihnen ausagiert und im Laufe der Jahre stetig erweitert wird.

Zur Erklärung von Krankheit und Unfällen gehört auch das Bewusstmachen von der Gefährlichkeit des Strassenverkehrs. Von klein an werden die noch unberechenbaren Spring-ins-Feld bei jeder Überquerung einer Strasse vor den Autos gewarnt, anfangs hält man sie fest an der Hand und wiederholt schon bei den Kleinen strikte die wichtigen Verhaltensregeln. Immer und immer wieder. Dabei kann es durchaus vorkommen, dass ein Kind auch mal mit hartem Griff zurückgehalten werden muss, was lautes Geschrei zur Folge hat und den Ompas missbilligende Blicke von Passanten einträgt.

Bei der auffälligen Vorliebe mancher Kinder für makabre Szenen spielt natürlich auch das angeborene menschliche Interesse am Abgründigen eine Rolle. Das macht vor Mädchen so wenig halt wie vor Jungs, wie vor den meisten ganz normalen Männern und Frauen inklusive Grosseltern. Es ist das Gruseln und gleichzeitige Liebäugeln mit dem Grauen, dem Abgründigen in uns selbst, was als Angstlust bezeichnet wird. Ohne diese menschliche Eigenheit würden weder öffentliche Hinrichtungen, weder Gewaltfilme noch Horrorserien so viele Schaulustige anziehen und sowohl Mörderbiografien wie Krimis und Thriller wären keine Bestseller. Nicht unbedingt die edelste Art der Unterhaltung? Kommt vermutlich stark auf das Mass an. Bestimmt ist das offen gezeigte Interesse an den menschlichen Schattenseiten besser, als wenn wir die dunklen Anteile, die nun einmal in jedem von uns schlummern, total verdrängen – oder noch schlimmer, sie ‹in echt› ausleben.

Pasta und nochmals Pasta

Trotz blutiger Puppenspiele und der beliebten Schiessereien, Rangkämpfen und Prügelszenen der Jungs vergeht kleinen Kindern der Appetit selten, und wenn, dann höchstens, wenn sie krank sind oder wenn ihre Mütter oder Grossmütter besonders aufwändige und gesunde Mahlzeiten zubereitet haben. Denn das Gesunde entspricht nicht unbedingt dem, was die kleinen Schleckmäuler bevorzugen. Was Erwachsene lieben, schmeckt ihnen oft nicht.

Eine Unmenge an Ratgebern und Kochbüchern versucht den gewissenhaften Eltern beizubringen, wie Babys Speisezettel ausgewogen ist, wann die Zufütterung beginnen soll, ab wann Fruchtsäfte sinnvoll sind und wann die glutenfreie Diät aufgegeben werden kann.

Kleinkindrezepte und Znünibrotvorschläge für Kindergarten- und Schulkinder gibt es denn auch zuhauf.

Gemüse, möglichst vitaminschonend gedämpft, Obst und abwechslungsreiche Kost mit allem, was an Spurenelementen und Mineralstoffen zum Aufbau eines gesunden Organismus benötigt wird. Brainfood und die antiaggressive zuckerfreie Diät finden ihre Anhänger unter den Erwachsenen, nicht unbedingt aber unter dem Zielpublikum.

Fragen wir unsere Naschkatzen: «Was möchtet ihr essen?» – eine Frage, die ohnehin allen futterpädagogischen Prinzipien widerspricht –, lautet die Antwort zweistimmig: «Pasta.» Und wir wissen inzwischen, es ist das ultimative Lieblingsgericht der allermeisten Jungs und Mädchen im Vorschulalter. Kulinarisch total Verdorbene bestehen gar hartnäckig auf der ‹Veredelung› durch Ketchup. Und das in einem Land, das alles unternimmt, um Kindern gegen Fastfood und andere essbare Fragwürdigkeiten schon früh eine Abneigung einzuimpfen. Allein schon, um dem zunehmenden Übergewicht vieler Kids vorzubeugen.

Unsere Enkelinnen begnügen sich als Konzession an die gesundheitsfördernden Bemühungen mit Reibkäse als Beilage, geniessen dazu auch ganz gern eine pürierte Gemüsesauce mit Wursteinlage, aber Pasta ist seit Jahren der Inbegriff ihrer Feinschmeckerträume.

Dabei wachsen sie inmitten selbstgezogener gesunder Köstlichkeiten auf. Tomaten, Salate und Kirschen sind nur eine kleine Auswahl und sowohl Grossmutter Meme, eine begeisterte und vorzügliche Köchin, wie auch ihre Eltern bemühen sich, den Kindern ein differenzierteres Geschmacksempfinden beizubringen – und sie werden das auch hinbekommen. Nur –

es dauert! Anzeichen deuten aber bereits auf erste vielversprechende Erfolge. So pickt Adele plötzlich alle Fenchelstücke und Tomaten aus meinem Salat, liebt Eier und Butterbrot. Sofia nagt an rohen Möhren und hat entdeckt, dass sie Pesto und blaue Trauben mag.

Wüsste ich nicht, dass in unserem Bekanntenkreis Kinder gross, stark und gescheit wurden ohne die ganze Palette der empfohlenen Gesundheitsnahrung, hätte ich vermutlich gewisse Bedenken im Hinblick auf die gesundheitlichen Schäden, die Pastakindern drohen.

Da ich aber miterlebte, wie ein Mädchen, das bis ins Erwachsenenalter kaum je etwas mit einer Spur Grün zu sich nahm, später Ärztin wurde, und ein Junge, der bis zur Pubertät nur Butterbrote ass und Milch trank, ebenfalls kerngesund seinen Weg ins Leben fand, vertraue ich auf die Überlebenskräfte, die auch unseren Enkelinnen aus der Pastafixierung und ihrer zweiten Vorliebe – Schokolade in allen Aggregatzuständen – zu einer differenzierteren Esskultur verhelfen werden.

Bis es so weit ist, freue ich mich weiter an der schnellen und einfachen Zubereitung ihres Lieblingsgerichts.

Lastesel

Normale Menschen haben in der Regel nur zwei Arme. Unsere Schwiegertochter dagegen scheint manchmal mindestens fünf zu besitzen. Dabei erinnert nichts an ihr an einen Oktopus. Doch wer ihr begegnet – ein Kind huckepack auf den Schultern, einen schweren Rucksack am Rücken, einen kleineren am Bauch, die mit Fotoapparat und Arbeitsmaterial mehr als voll gestopfte grosse Umhängetasche an der Seite, dazu einen mit dem andern Kind belasteten Kinderwagen vor sich herschiebend –, der fragt sich unweigerlich, wie diese Frau das alles schafft.

Ich fühle mich schon überlastet, wenn die Enkelinnen mich zum Gang auf den Spielplatz oder zum Bach überredet haben und dann plötzlich flöten: «Gell, ich komme mit dem Traktor oder dem Velo mit und Sofia möchte im Kinderwagen ein bisschen schlafen.» Schlafen, denke ich, ja, das wäre schön... Auch der Hund braucht noch Auslauf. Nono nimmt ihn an die Leine, sie gehen voraus. Adele folgt im Tret-Traktor, ich stosse den Kinderwagen mit dem quer darüberliegenden Velo in Pink und der sich schlafend stellenden Sofia.

Adele auf ihrem Traktor und bald auch Sofia – nichts mit Schlafen, wie konnte ich bloss... – auf dem Fahrrad lassen mich und den Wagen zurück, überholen Nono mit Hund und entschwinden unserem Blickfeld. Wir brüllen: «Waaaarten!»

Die Mädels halten kurz an, dann fahren sie weiter. Immer weiter.

«Hierher, uuumkeeehren! Hier gehts zum Bach, hier könnt ihr plantschen.»

Das wirkt. Freudig wenden sie und ziehen sich aus bis auf die Unterhosen. Wer wirft seinen Stein am weitesten? Wir formen Schiffchen aus Blättern und kleinen Hölzern, schauen ihnen nach, wie sie den Bach runter und – wie wir den beiden weismachen – Richtung Meer schwimmen. Das macht Hunger, die Mädels ziehen sich an und haben plötzlich null Bock auf ihre Fahrzeuge. «Nana», sagt Adele, «Nono», jammert Sofia und sie strecken ihre Ärmchen in die Höhe. In der nonverbalen global verständlichen Kindersprache heisst das: Mag nicht laufen, tragen!

Zuletzt einigen wir uns auf folgendes Arrangement: Der Hund wird nach einigen Metern von der Leine gelassen, mein Mann schiebt den Wagen mit Sofia samt der auf dem Sonnendeck thronenden Adele. Ich trage das rosa Velo und ziehe den

Traktor hinter mir her. Für alle Beteiligten eine annehmbare Variante.

Der Heimweg vom Bach ist Idylle pur. Der im Revier wohnhafte Fischreiher lauert am Ufer, eine leichte Brise frischt auf, die Schatten werden länger und die Mondsichel schiebt sich bereits über die Baumwipfel. Hier scheint die Welt noch in Ordnung, und Angehörige zwei sehr verschiedener Generationen geniessen – alle auf ihre Weise – dieses Schauspiel der Natur.

Inzwischen ist der Wagen zu klein, die Kinder haben Kilos und Körperlänge angefuttert, und wir Ompas sind noch älter geworden. Und plötzlich wiegt jedes Pfund schwer.

Girls World – Boys World

Ob hierzulande, ob in Russland, China oder Kanada: Die Lieblingsfarbe fast aller heutigen Töchterchen ist hauptsächlich Rosa oder Lila. Nach ihrem modischen Vorbild, der unsäglichen, bald weltweit regierenden Prinzessin Lillifee.

Hosen, T-Shirts, Pullis, Kleidchen, Leggins, Pyjamas, Sandalen, Söckchen, Strumpfhosen, Mützen, Schals, Handschuhe, Regenjacken, Schirme, Taschen – Pink und Blassviolett geben den Ton an. Kein Kleidungsstück ohne einen rosaroten Farbtupf, sei dies eine Blume, ein Schmetterling, eine Prinzessin oder Elfe. Letztere stehen ebenfalls hoch im Kurs. Genau wie die Unzahl Köpfe der beliebten Kitty Cats. Und erst der ‹Glitzer› im Haarschmuck – ja, der Geschmack ‹unserer› Mädchen richtet sich nicht nach dem ihrer eher künstlerisch originell orientierten Eltern oder gar ihrer noch immer von der Bauhaustradition beeinflussten Ompas.

Der heutige modische Trend beginnt bereits in der Krippe und boomt so richtig im Kindergarten und in den ersten Primarschuljahren. Am Anfang der modischen Geschmacksbildung stehen die gut betuchten trendbewussten Mamis, die mit ihren Kinderwagen-Superlimousinen vor den Mütterberatungsstellen versuchen, sich gegenseitig mit ihren nach der letzten Ausgabe der Kinder-Vogue gekleideten Babys zu übertrumpfen. Später lassen sie sich gern vom töchterlichen und kommerziellen Druck beeinflussen. Im Schlepptau die bald ebenso manipulierten Väter, Tanten, Onkel, Paten und Patinnen und – die Grosseltern. Viele Angehörige lassen sich von ihren Mädchen aber allzu bereitwillig von der rosa Welle überrollen. Sie verschont auch kein mager bestücktes Portemonnaie. «Unser Kind darf auf keinen Fall irgendwo abseitsstehen müssen», darin sind sich Alt und Jung aller Bezugspersonen schichtübergreifend einig.

Buben kriegen wohl genau mit dieser Begründung nie eine rosa Hose, mögen sie noch so sehr darum betteln. Es gibt auch keinen Minijupe. Selbst wenn er kackfarben, mausgrau oder kohlenschwarz wäre. Felix oder Kevin würden darin zu absoluten Aussenseitern. Denn Röcke sind für Jungs nach wie vor tabu. Warum eigentlich? Mädchen wechseln jederzeit problemlos von Hosen zu Kleidern und zurück. Tragen sie mal eine Bubenwindjacke, einen Jungenpulli oder sogenannte Bubenschuhe: kein Problem. Ziehen wir aber einem Vierjährigen eine Mädchenjacke mit Prinzessinnenlabel und rosa Sandalen an, welch Geschrei. «Schau mal, wen haben wir denn da? Seit wann bist du ein Mädchen?»

Bedenklich finde ich persönlich darum die heutige von Marketing und Kommerz gesteuerte strikte Trennung in Buben- und Mädchenwelten. Und das vom ersten Atemzug an. Der Einfluss der Werbung in der Spielzeug- und Kleiderbranche auf die Geschlechterrollen wird unterschätzt. Was als angeborener Unterschied im Verhalten kleiner Kinder unzweifelhaft da ist, wird von wirtschaftlichen Interessen und den unkritisch konsumierenden Eltern und Verwandten noch erheblich verstärkt. Mädchen schenkt man nebst den obligaten Puppen vorwiegend Bébé-Wannen, Kinderwägelchen, Saugfläschchen, Puppenkleidchen, Kinder-Bügeleisen und sämtliches Haushalt-Zubehör, vom Kochherd bis zum Staubsauger, und zur Abwechslung eine batteriebetriebene Waschmaschine.

Kriegt Mama oder eine ihrer Freundinnen einen Babybauch, imitiert Töchterchen unverzüglich eine Schwangerschaft und steckt sich eine Puppe unters T-Shirt. Das hindert viele Mädchen aber keineswegs daran, zur Abwechslung auch mit Jungenzeug zu spielen.

Sie fahren mit Traktoren und Autos, bauen Türme, knuddeln Teddybären und Schmusetiere. Zwischendurch stehen sie aber auch gerne mal mit Mamas oder Grossmutters T-Shirts, ihren Schals und Stöckelschuhen samt abenteuerlich selbst kreierten Frisuren und grauslich geschminkt vor dem Spiegel.

Jungs dagegen werden viel eingleisiger auf die althergebrachten Bubenrollen fixiert: auf alles, was einen lärmenden Motor besitzt, mit einem ‹Brummm-brummm›- oder ‹Bummbumm›-Effekt obendrauf. Täuschend echte Spielzeugwaffen und kampfgeile kleine Horrorwesen aus andern Galaxien verwandeln ihre Kinderzimmer in Minikriegsschauplätze; bald folgen suspekte Videogames, von den Müttern in der irrigen Annahme geschenkt, die Söhne sässen dann brav zuhause und würden keine Dummheiten machen. Wenn sie wüssten! Natürlich werden Buben deswegen nicht gleich zu Serienkillern oder zu gewalttätigen Unholden.

Ein Junge jedoch mit einer Puppe im Arm oder gar unterm Pulli – nicht auszudenken, welche Aufregung dieser Anblick unter den meisten weiblichen Familienangehörigen auslöst, von den männlichen ganz zu schweigen. «Jesses, der Bub wird doch nicht etwa schwul?» Und weg ist die Puppe, schleunigst ersetzt durch eine kleine Maschinenpistole.

Beunruhigend ist nicht etwa das Verhalten des kleinen Manns. Es ist die Reaktion der Erwachsenen. Sie zeigt, wie wenig weit die Emanzipation der männlichen Kinder vorangeschritten ist, auch wenn ein paar ewiggestrige Männerforscher die Verweiblichung der Pädagogik und der Politik und überhaupt der ganzen abendländischen Welt immer von neuem zu beweisen versuchen.

Zum jüngsten Schlag gegen die seit Jahrhunderten mit Gewalt erkämpfte männliche Vorherrschaft hat eine kürzlich bekannt gewordene Studie ausgeholt. Angeblich hat sie festgestellt: Das seit langem als Aggressionsauslöser geltende Männerhormon Testosteron mache offenbar nicht unbedingt aggressiv und gewaltbereit, sondern prosozial und erhöhe die Fairness und Kooperationsbereitschaft, fördere also das Gegenteil der sogenannten Macho-Eigenschaften. Das würde den angeborenen hormonbedingten männlichen Drang zu Gewaltakten jeder Art definitiv ins Reich der Mythen verweisen. Testosteron selbst mache nicht aggressiv, nur sein Mythos. Aber eben: Studien ist mit Vorsicht zu begegnen – auch dieser.

Immerhin findet Dominique Grisard vom Zentrum für Gender-Studies der Uni Basel: «‹Richtige Buben› auf ihre Hormone zu reduzieren und ihnen standardmässig ein lautes, extrovertiertes Gebaren anzudichten, wäre genauso verfehlt, wie von Mädchen zu fordern, sie müssten allesamt brav sein und die Farbe Rosa lieben. Doch genau dies ist der heutige Trend. Soziobiologische Ansätze, um männliche oder weibliche Stereotypen zu erklären, haben starken Aufwind bekommen.»

Auch wenn ich diesen Ansatz seit langem teile, finde ich es nicht notwendig, den Enkelinnen ihren Rosa-Kult auszureden. Noch sind sie von Rosarot angetan: Lipgloss, Lippenstift, ‹Nägelifarben›, rosa Kettchen, Fingerringe, Haargummis, gar ein Schminkköfferchen: Ihre Wünsche sind relativ leicht zu erfüllen und spiegeln auch ihre Vorbilder.

Aber die beiden Mädchen haben noch andere Interessen: Zwei Füchse, ein Igel, Hahn und Ente, das sind nebst Lipgloss die Begleiter der kleinen Sofia. Und Adele wünschte sich in den Ferien ein kleines Secondhand-Piratenschiff mit Kanone, Seeräuberflagge und allem Drum und Dran. Überhaupt nehmen Schatztruhen und Piratenkampf in ihren Spielen, samt Schwert, Augenbinde und schwarzer Seeräuberflagge, nebst der obligaten Puppenbetreuung eine wichtige Rolle ein. Manchmal wird auch wild herumgeballert mit fiktiven Waffen: «Päng, päng, päng, ich mach alle tot, Mann!»

«Mädchen interessieren sich nicht so wie Jungs für Räuber, mir macht das eher Angst», meinte Adele jedoch einmal, «ich mag darum lieber Prinzessinnen und Mickymäuse.» Doch der Kinderklassiker ‹Räuber Hotzenplotz› bleibt ein Renner und der rote Traktor samt Anhänger wird rege benutzt.

Das Interesse an modischen Dingen ist hingegen auffallend: Highheels bringen die Enkelinnen geradezu in Verzückung und werden anprobiert oder ‹zum Verkauf› angeboten. Verkleiden macht ihnen seit den ersten Wackelschritten Spass.

Auf der anderen Seite werden immer wieder auch männliche Seiten geweckt. Beim Bestaunen des Holz hackenden Vaters verkündet die dreijährige Sofia: «Wenn ich gross bin, will ich das auch. Dann bin ich ebenso stark.» Und jedem vorbeibrummenden Traktor (mit oder ohne Papi am Steuer) wird ebenfalls fasziniert nachgeguckt.

Sind männliche Kinder irgendwie eindimensionaler strukturiert? Vielleicht. Auch wenn ihr Interesse an Waffen, Autos, Fliegern, Motorengeräusch und Videospielen von ihnen bevorzugt ins Spiel umgesetzt wird, ist es vor allem ihre Umgebung, die diese Lust noch aktiv mitfördert. Jungs imitieren auch, was sie an erwachsenen und halbwüchsigen Geschlechtsgenossen in ihrem Umfeld sehen. Väterliche Modelle im Haushalt sind noch immer rar. Da die Boys meist in weiblicher Gesellschaft aufwachsen, erleben sie schon sehr früh, dass jeder Versuch, beim Putzen zu helfen oder zu ‹bäbelen›, von ihrer Umgebung im Allgemeinen eher belächelt wird. Staubsauger machen zwar auch Lärm, doch das ist nicht dasselbe wie das Brummen eines Motors. Bald orientieren sie sich an Kollegen und an dem, was ihre Mütter unter Bubenspielzeug verstehen und sich von Spielwarenhändlern aufschwatzen lassen. Nicht immer zum Besten der Kids.

Grossväter haben in unserer väterabwesenden, nach wie vor eher vaterlosen Gesellschaft stellvertretend die enorm wichtige Aufgabe, den Enkelkindern beiderlei Geschlechts, besonders aber den kleinen Machos, ein positives maskulines Vorbild zu sein. Leider gibts immer noch ein paar militant-konservative, im alten Rollendenken verhaftete Opas. Und sie verhelfen den Jungs nicht unbedingt zur dringend nötigen Identität als moderne Männer.

Schon während der Schwangerschaft das Geschlecht des Kindes zu erfahren, ist von Vorteil für die reiflich überlegte Wahl eines Vornamens. Weniger positiv aufs spätere Geschlechterrollenverhalten wirkt sich dieses frühe Wissen auf die Ausstattung des Kinderzimmers und beim Kauf von Babykleidchen und Spielsachen aus. Weil alles wieder streng in Jungs- und Mädchensektoren getrennt ist, haben die künftigen Eltern bereits vorgeburtlich viel zu viel Zeit, sich auf einen – von Vorurteilen beeinflussten – geschlechtsspezifischen Umgang mit ihrem Baby vorzubereiten, indem sie ihm bereits während der Schwangerschaft seine ‹typisch› männlichen oder als typisch weiblich definierten Eigenschaften suggerieren bzw. visualisieren. (Unisono werden sie später dann einmal feststellen: Unser Bub hat nie eine Puppe angeschaut, und die Tochter hasst seit jeher lautes Motorengebrumme.)

Buben lieben Waffen und wilde Spiele, Mädchen die rosa Wolke und leise Töne. So simpel funktionieren Kinder zum Glück nicht. Beide Geschlechter haben zeitweilig mehr weibliche Bedürfnisse, dann wieder mehr männliche. Genau wie wir Erwachsenen. Immer früher und stärker wird aber auch der kindliche Geschmack von Marketing und Zeitgeist beeinflusst. Zum Glück ändert sich der aber im Laufe der Entwicklung.

Die Pink-Phase wird darum vorübergehen, wie sie gekommen ist. So wie ehedem vor einigen Jahrzehnten Rosa als Farbe kleiner Jungen galt. Geburtsanzeigen für Buben waren in dieser Farbe gehalten und ein rosa Strampelhöschen (statt eines hellblauen) für kleine Mädchen hätte Kopfschütteln ausgelöst.

Rosa soll überdies laut Farbpsychologie emotionale Überreaktionen vermindern helfen. Vor einigen Jahren wurden deshalb plötzlich Gefängniszellen zu Versuchszwecken rosa gestrichen, um die beruhigende Wirkung auf erregte und ausrastende Gefangene zu testen. Falls die Farbe Rosa in der Tat übermässige Erregung dämpft, lässt sich gegen sie kaum etwas einwenden.

Der gegenwärtige Trend ist darum alles in allem überhaupt kein Grund zur Sorge. Rosa soll noch eine Weile seine aufheiternde Wirkung entfalten, und wir Grosseltern wären die Ersten, die sich noch mehr wunderten, wenn plötzlich Schwarz die erklärte Lieblingsfarbe kleiner Mädchen würde.

Überraschend entwickelt Adele nämlich neustens eine Vorliebe für Schwarz: Ohne zu zögern, entschied sie sich letzthin für einen schwarzen Pulli (mit silbrigem Glitzerstern) und ein schwarzes Kleidchen. Folgt Punk auf Rosa?

Nach Studien birgt jedoch die Barbie-Puppe eine weitaus grössere Gefahr für Mädchen: 50 Jahre ist sie alt, und ihr Körper ist nach wie vor der Prototyp einer Magersüchtigen. In den USA wird eine grosse Zahl Mädchen schon im Kindergarten zu unsinnigen Fastenkuren verführt, nur um Barbie ähnlich zu sehen: lange Beine, überschlanker Körper, wohl proportionierter Busen – und dünn! Trotz zunehmendem, aber leider langsamem Gegentrend sind auch die meisten Models nach wie vor von anorektischer Morbidität. Auf manche Mädchen ohne gefestigte Persönlichkeitsstruktur üben diese in den Bildmagazinen zusätzlich geschönten und trickreich verdünnisierten weiblichen Vorbilder einen verheerenden Einfluss aus.

Der allerletzte Trend lässt jedoch auch Barbie alt aussehen. Immer stärker wird sie durch die schon erwähnte Lillifee, Prinzessin von Geburt und Beruf, verdrängt. Deren Konterfei prangt bereits auf manchem Schulsack kleiner Mädchen, und ihr Reich erstreckt sich weit über die westliche Kultursphäre hinaus. Mit Kopftuch darf ihr Bild sogar die Taschen islamischer Schulmädchen zieren.

Lillifee mit ihrem langen Haar ist oft ein Ideal kleiner Mädchen. Das Bürsten ihrer Haarpracht, das Flechten von Zöpfen, der Kult und das Gezerre von Haarspangen und farbigen Gummis verlangt schon früh eine erstaunliche Hingabe an die Sparte ‹Wer schön sein will, muss auch leiden›.

Die momentane Kleider- und Artikelmode, gepaart mit Interieurs zwischen Kitsch, Rosa-Kult und einer neuen Art blumigem Retro-Design im modernen Biedermeier-Look, greift momentan auch bei erwachsenen Frauen um sich. Und die ansteckende Geschmacksverkitschung beginnt bei den im ‹Jö-wie-härzig›-Stadium stecken gebliebenen Müttern.

Von uns Ompas kriegen Adele und Sofia jedenfalls weder eine Barbie-Puppe noch eine Prinzessin Lillifee. Indianerehrenwort! Dafür T-Shirts mit Schmetterlingen, rosa Blumen und dem Label ‹Hello Kitty› – und ab und zu auch etwas Schwarzes.

Hie und da werden aber selbst die schönsten Klamotten zu klein und neue müssen her. Beim Einkaufen können heikle Situationen entstehen, wenn die Mädels zum Beispiel à tout prix das Gleiche wollen. Seien das T-Shirts, Schuhe oder Hosen. Hindernis: Die gibts nicht immer in beiden Grössen auf Lager. Es ist dann aber jeweils doch möglich, für jede etwas Passendes und Beglückendes zu finden. Nicht immer lassen sich Neid und Eifersucht dagegen elegant umgehen.

Eifersucht

Die alttestamentliche Geschichte von Kain, der seinen Bruder Abel aus Eifersucht erschlägt, handelt von einem urmenschlichen Gefühl: Neid respektive Eifersucht ist wohl eine der ausgeprägtesten und sehr frühen Emotionen, besonders unter Geschwistern. Das ältere Kind fühlt sich entthront und erträgt die Ankunft eines Nebenbuhlers, einer Nebenbuhlerin nur schwer.

Das Leben kleiner Buben und Mädchen ist eine tägliche Auseinandersetzung mit der Erfahrung, dass der oder die andere etwas darf oder kriegt, während Schwester oder Bruder dabei scheinbar leer ausgehen. Das ist bitter, doch nach und nach lernen die Kinder, gewisse Tatsachen zu akzeptieren. Zum Beispiel, dass das älteste Geschwister in den Kindergarten geht und das jüngste bei Mama zuhause bleiben darf. Lässt man sie die eigene Familie zeichnen, drücken Kinder mit einer Eifersuchtsproblematik durch die Darstellung ihrer Person meist deutlich aus, wie ihnen als vermeintlich weniger geliebtem Kind zumute ist.

Wochen nach Sofias Geburt herzte und küsste Adele ihre Schwester, um sie dann in Sekundenschnelle zu kneifen oder an sich zu pressen, bis sie brüllte. Später Geborene sind aber ebenfalls nicht vor Eifersucht gefeit. Im Gegenteil: Sie wollen immer genau das gleiche Spielzeug, Fahrrad oder Buch, welches das andere Kind soeben benützt. Von zwanzig Farbstiften wollen sie genau jenen, mit dem Bruder oder Schwester malt. Und keinen anderen. Sonst fliegen die Fetzen.

Dominanzkämpfe unter Geschwistern – gleich welchen Geschlechts – werden oft erstaunlich heftig ausgetragen. Lange Haare bieten Mädchen eine ideale Angriffsfläche. Es wird gezerrt, gestampft, gehauen und mit Füssen getreten; Spielzeug, Bücher und Kinderrucksäcke scheinen ein Eigenleben zu entwickeln und fliegen durch die Wohnung.

Wir Ompas, die doch so fest ans Gute vorab in unseren Enkelinnen glauben möchten, fassen dann kaum, was sich vor unseren Augen abspielt. Nicht, dass die kleinen Frauen wie in Schillers ‹Glocke› zu Hyänen werden, nein, es wird geheult und geschrien, als sei eine Indianerhorde auf Kriegspfad. Auch wir Grosseltern müssen lernen, dass wir die sooo niedlichen, braven und friedfertigen Enkelinnen nicht überhöhen dürfen. Aus unserer Sicht wegen einer Bagatelle können sie sich im Nu – wenn auch meist nur für kurze Zeit – in störrische, neiderfüllte, unansprechbare, um sich schlagende Ungetüme verwandeln. Will Adele nicht hinhören, hält sie sich die Ohren zu oder schaltet auf taub. Sofia dagegen kreischt, was die Kehle hergibt.

Es ist gewiss schwer, mit den vielen Ungerechtigkeiten fertigzuwerden, die kleinen Kindern ohne böse Absicht der Erwachsenen widerfahren. Warum wird Adele nicht mehr getragen? Kann sie was dafür, dass sie älter und schwerer ist? Und warum darf Sofia noch nicht in die Schule? Sie hätte auch gern einen so schönen Schulsack wie die grosse Schwester. Warum darf die eine dies, die andere noch nicht oder nicht mehr?

Gleichbehandlung ist und bleibt ein frommer Wunsch. Weder in Familien noch in der Schule oder im Beruf gibts dafür eine Garantie. Überall, wo Menschen miteinander leben, entstehen Ungleichheiten, Asymmetrien. Die einen nutzen ihre Chancen, andere nehmen sie nicht wahr, die einen können und haben viel, die andern wenig. In jedem Kind schlummern aber individuelle Stärken, und die gilt es zu entdecken und zu unterstützen. Auch Geschwister müssen damit leben lernen, dass nicht alle in allem gleich begabt sind, dass aber jeder Mensch Vorzüge hat, in denen er andern überlegen ist, gewisse Dinge besser kann als andere.

Doch selbst wenn Adele und Sofia sich manchmal aus Eifersucht in die Haare geraten, sind die beiden im Grund unzertrennlich, können stundenlang ohne Gezänk spielen und die Ältere fühlt sich bei Abwesenheit der Eltern stellvertretend für die Jüngere verantwortlich. «Weisch, ich bewache dich, muesch kei Angscht ha.» In der emotionalen Ambivalenz überwiegen Zuneigung und Geschwisterliebe die negativen Gefühle, genau wie bei unzähligen andern Schwestern und Brüdern auf der ganzen Welt.

Alte/r, hock aufs Maul!

Ein Spruch, der so richtig ins linguistische Repertoire der heutigen Jugend zu passen scheint.

«Halt endlich die Schnauze!»

«Rüssle nicht so blöd daher!»
«Halt deinen Latz!»

Es gibt Eltern, die sich bereits an derartige Injurien ihrer Teenager gewöhnt haben. Sie ernten oftmals, was sie bei ihren kleinen Kindern in grosser pädagogischer Schwäche säten: null Respekt vor andern Menschen. Seien das sie selbst, Verwandte, Kollegen, Lehrpersonen, Passanten oder sogar Polizisten. Wie jene Mutter, die sich von ihrem Zweijährigen eine Ohrfeige verpassen liess, während sie mit einer Erziehungsberaterin sprach und sich nicht ständig mit dem Knirps abgeben konnte. Sie ertrügen einfach keine Kindertränen, lautet das stets gleiche unvernünftige Mantra dieser seelisch wenig belastbaren Eltern. Oder was soll man von Eltern denken, die sagen, sie wüssten zwar, dass es ungesund sei, und ihrem vierjährigen Mädchen trotzdem ein wenig Wein einschenken, weil die Kleine so gerne davon nippen möchte?

Von ihren Halbwüchsigen ernten viele Mütter und Väter dann – quasi als Dank für ihren jahrelangen Verzicht auf sämtliche Benimmregeln und Leitplanken – oft sogar Prügel und andere körperliche Gewaltattacken. Eine wachsende Anzahl Mütter und Väter outet sich gegenwärtig als geschlagene Eltern (battered parents). Wer beim kleinsten Widerstand gegen die immer stärker ausfernden Kids dauernd nachgibt, konditioniert – meist unbewusst – den Nachwuchs von klein an zu jener Frustrations-Intoleranz, die später auf die Erwachsenen zurückfällt. Verbale Entgleisungen bilden dabei fast immer den Anfang.

In diesem Abschnitt soll es aber eigentlich nicht um unflätige Anwürfe einer jugendlichen, von ihren Eltern verzogenen, tendenziell leider wachsenden Minderheit gehen. Sondern um Ermahnungen der Ompas ans eigene Ich. Um Selbstdisziplin und das Prinzip ‹Alte, hock aufs Maul! Alter, sei einfach still!› Statt eine Gebetsmühle zu drehen, können wir Grosseltern uns bei heiklen Gesprächsthemen (die gibts immer wieder einmal) leise selber ermahnen: Halt's Maul! Denk an frühere Meinungsverschiedenheiten mit deinen Eltern... An deine lauten Schimpftiraden, nur weil deine Mutter fand, Bohnen und Kartoffeln ohne Speck seien kein richtiges Nachtessen. Eine derartige Bagatelle war früher schon Anlass zu einer ausgewachsenen Familienszene.

Aufs Maul hocken meint aber nicht, ausnahmslos alles schweigend hinzunehmen. Obschon in manchen Situationen kein Wort besser ist als eines zu viel.

Heikle Themen können zum Beispiel Ansichten über Erziehungsstile sein: Verwöhnen, Strenge, Manieren beim Essen, Einschlaf-Rituale, Aufräumen, Taschengeld, Ausgehzeiten, Kleider, im Haushalt helfen, Grenzen setzen, Strafen, Fernsehgucken, religiöse Erziehung und und und. Eigentlich gibts nichts, was nicht zum Streitpunkt werden könnte. In manchem Praktischen und Ideellen unterscheiden sich die Auffassungen der jungen Generation beträchtlich von jenen der älteren. Wie dies seit jeher der Fall ist.

Bei mir war das Stillen so ein Punkt. Selber habe ich unseren Erstgeborenen neun lange Monate voll gestillt. Ist wirklich praktisch. Immer volle Pulle. Als ich ihn wegen meiner beruflichen Tätigkeit abrupt abstillen musste, kriegte er massive Verdauungsprobleme und bekam eine Allergie auf Weizenprodukte und Kuhmilch.

Das erste Mal, als ich von der Mama unserer Enkelin erfuhr, die meisten ihrer Freundinnen stillten ihr Kind, bis es dreijährig oder älter sei, glaubte ich, mich verhört zu haben. Wir leben doch nicht in einem afrikanischen Schwellenland, wo der böse Slogan ‹Nestlé tötet Babys› gilt, dachte ich. Die Mütter Afrikas sind sehr arm, selber unterernährt, tragen ihre Kinder zur Arbeit aufs verdorrte Feld, kilometerlang zum Wasserholen und überall mit sich herum, schlafen eng zusammengepfercht in elenden Hütten und wären wohl sehr froh, sie hätten nur einen Bruchteil unserer Einrichtungen von Säuglingsberatungsstellen und Kinderkliniken.

Bedauernswerte, dachte ich, wie ausgezehrt wirst du nach dreijähriger Stillzeit sein, mit zerbissenen Brustwarzen, denn Dreijährige haben schon ganz schön zugriffige Zähne. Bis es jedoch so weit war, hatte bereits ein zweites Baby dem ersten die Nahrungsquelle streitig gemacht. Und dessen Stillperiode wurde auf ganz natürliche Weise beendet. Die Milchzufuhr wurde immer spärlicher und versiegte. Und das ganz ohne einen minimalen Still-Disput, der beinahe von mir ausgelöst worden wäre.

Berufstätige stillende Mütter nehmen nicht selten die Mühe auf sich, Muttermilch abzupumpen und kühl aufzubewahren. Wenn sie ganztags arbeiten und die Kinder in dieser Zeit nicht in der Nähe sein können, sind einspringende Ompas nicht zu verachten.

Nach Sofias Geburt erhielt unsere Schwiegertochter (die nebst dem Besorgen von Haus, Tieren, Garten samt Zubehör und der Kinderbetreuung unter anderem eine professionelle Fotografin ist) als vorübergehende Vertretung für einige Wochen einen eintägigen Lehrauftrag an einer Zürcher Kunstschule.

Die Enkelinnen waren jeden Freitag bei uns, wurden morgens im Hauptbahnhof abgeholt und abends dort wieder ihrer Mutter übergeben. Über Mittag wurden sie jeweils zum mütterlichen ‹Tatort› gebracht. Längere Tramfahrten mit Umsteigen, zuletzt hundert Meter zu Fuss mit der kaum dem Krabbelalter entwachsenen Adele und ihrer knapp halbjährigen Schwester im relativ schweren Kinderwagen. Auf dem

Heimweg schliefen beide jeweils ein und Adele musste getragen werden. Zum Glück war ich bei diesen Expeditionen nur wenige Mal ohne männlichen Beistand! (Bei den alten Trams mussten die Kinderwagen über eine Stange drei Stufen hoch ins Innere gehievt werden.) Für unsere Enkelinnen und ihre Mama war uns zwar kein Weg zu umständlich, aber wir waren doch erleichtert, als dieser temporäre Einsatz zu Ende war.

Auch Situationen, bei denen ich zwischen Bewunderung für die unbekümmerte Grosszügigkeit moderner Eltern und meinen altmütterlichen Befürchtungen hin- und hergerissen wurde, habe ich an unseren ‹Hütetagen› erlebt.

Ein Beispiel: Als nach einer ungewöhnlich kalten Frühjahrsperiode der erste warme Sonnentag da war, hatten die Enkelinnen am späteren Nachmittag den spontanen Wunsch – nach den eisigen vergangenen Wochen –, endlich wieder im Freien zu baden. Der alte Brunnentrog mit dem über die Wintermonate abgestellten Wasserzulauf schien ihnen vorzüglich dazu geeignet. Meinen Hinweis, sie würden sich erkälten, quittierte unser Sohn mit dem ersten kalten Strahl aus dem Hahn. Kurz entschlossen zogen die Wasserratten ihre Klamotten aus und stellten sich ins erstmals wieder eingeflossene knietiefe Wasser. «Mami und Papi habens erlaubt», strahlten sie und werkelten mit ihren Kesseln und Spritzkännchen eifrig im Nass.

Meine eingetauchte Hand erstarrte beinahe, als ich die Temperatur schätzen wollte. Ich schüttete pfannenweise warmes Wasser hinzu, doch der Effekt war gering. Als dann noch ein kühler Luftzug daran erinnerte, dass weder meteorologisch noch astronomisch der Sommer im Anzug war, mahnte ich die beiden mehrmals, den Trog zu verlassen. «Papa hats erlaubt.» An diesem Vaterwort prallten meine Argumente ab. Trotzdem bewaffnete ich mich mit einem Frottiertuch, hob die bereits hühnerhäutige Sofia unter Protestgeschrei aus dem Freibad und rieb ihr die erstarrten Beinchen. Adele folgte ebenso unwillig und mit hartnäckigem Festhalten meinerseits.

Wie können Eltern nur so unvernünftig sein und eine so kalte Eskapade befürworten, noch dazu bei Kindern, die oft erkältet sind, dachte ich. Sie werden bald mit Fieber und Husten beim Arzt landen. Diplomatisch behielt ich diesen Gedanken jedoch für mich.

«Wenn diesem Bad keine Lungenentzündung folgt, sind unsere Enkelinnen extrem abgehärtet», so die Überzeugung von uns Ompas.

Adele bekam eine virale Lungenentzündung. Aber erst vier Monate später, in einer der heissesten Sommerwochen des Jahrzehnts. Völlig unabhängig von sämtlichen (hohen) Wassertemperaturen.

Kinder sind viel härter im Nehmen als alte Frauen. Aus eigener Erfahrung hätte ich das längst wissen müssen. Als 12-Jährige hatte ich mich einmal in einem der bitterkalten Kriegswinter aus Angst vor einer bevorstehenden Matheprüfung mit nacktem und absichtlich feuchtem Oberkörper nachts ans offene Fenster gesetzt und gehofft, eine schwere Erkältung würde mich tags darauf ins Bett zwingen. Die Folge: nicht das minimalste Hüsteln! Ähnlich misslang mein Versuch, nach dem heimlichen Rauchen eines halben väterlichen ‹Rössli-Stumpens› eine überzeugende Übelkeitsattacke vortäuschen zu können, um die Schule zu schwänzen. Kein noch so geringer Brechreiz!

Platzen wir also nicht gleich mit unserer Gegenmeinung heraus, wenn eigene und/oder Schwieger‹kinder› im Umgang mit ihrem Nachwuchs etwas tun oder befürworten, das wir eigentlich voll daneben finden. Manchmal ergibt sich später eine Situation, in der wir in aller Ruhe und ohne aggressivemotionale Untertöne auf die Sache zurückkommen und unseren Standpunkt klarlegen können. Und nicht selten sind unsere Ansichten und ‹Erfahrungen› schlichtweg Schnee von gestern.

Ich kenne Ompas, die ihre eigenen oder die Söhne und Töchter der Schwiegerfamilie in ihrem Sinne nacherziehen möchten, sei dies im pädagogischen Bereich, punkto Ordnung oder gar in ihrer Eigenschaft als Väter oder als Mütter.

Unschwer sich vorzustellen, dass solche peinliche Versuche das Gegenteil bewirken: Misstrauen gegen die eigenen und die zugewandten Eltern, denen man Besserwisserei und unbefugte Einmischung vorwirft. Zu Recht! Ob hinter ihrem Rücken oder in ihrer Gegenwart: Wenn wir dauernd immer wieder an den jungen Familien und ihrem Lebensstil herummäkeln, müssen wir uns über eine Abkühlung der Beziehung nicht wundern. Vergessen wir nicht, dass auch wir einmal in einer ähnlichen Lage waren und überall unsere eigenen Erfahrungen machen mussten und wollten.

Ganze Völker lernen nichts aus der Geschichte – warum sollten denn Kinder aus den Erfahrungen ihrer Eltern lernen? Junge Menschen möchten ohnehin vieles anders, im Klartext: besser machen. Auch Mütter und Väter. Was ist daran – objektiv gesehen – eigentlich so falsch oder verwerflich?

Grosseltern haben sich darum im Klaren zu sein, dass sie in der Regel zwar sehr erwünscht sind, zum Kinderhüten bei Abwesenheit der Mütter und Väter, und man ihnen die Kinder auch mal gern in die Ferien gibt, dass aber die Eltern der Enkel auch ihre berechtigten Erwartungen an die Ompas haben und haben dürfen: Bitte, mischt euch nicht unbefugt in unsere Überzeugungen, in unsere Lebensform ein, wir achten und lieben euch, aber wir erwarten von eurer Seite auch Respekt. Schimpft bitte nie in Gegenwart der Enkel über ihre Eltern –

und vergesst nicht, dass sich der Zeitgeist ändert und damit auch die Ansichten über den richtigen Umgang mit Kindern.

In der Tat: Es gibt ihn nicht, den einen richtigen Erziehungsstil. Ja, es kann ihn gar nicht geben, denn es führen viele Wege zum Kind und zum Jugendlichen. Jedes Kind ist anders und alle Klischeepädagogik deshalb irgendwann zum Scheitern verurteilt.

Ferner, was wir nur zu gern vergessen: Enkel und Enkelinnen sind nicht unsere eigenen Kinder. Sie sind uns nur vorübergehend anvertraut. Dann dürfen wir durchaus gewisse Dinge anders machen als die Eltern. Kein Problem für Mädchen und Buben zu erleben, dass bei den Grosseltern nicht genau die gleichen Regeln gelten wie daheim. Sind wir in den Familien der Kids, haben wir uns aber an das zu halten, was dort üblich ist, ausser, es würde dauernd gestritten, geprügelt oder es herrsche Chaos total. Dann haben wir die Pflicht, uns vermittelnd einzuschalten oder die Eltern zu professioneller Hilfe zu ermutigen.

Selbst darin ausgebildete Ompas dürften nie den Anspruch erheben, in der eigenen Familie therapeutisch herumzulaborieren. Unvergesslich ist mir ein Neffe eines berühmten Psychologen des letzten Jahrhunderts, der sich als alter Mann und begabter Musiker über seine Begegnungen mit dem Guru aller Symbolisten beklagte: «Immer bin ich mir als behandlungsbedürftiges Opfer vorgekommen, als Versager und schwarzes Schaf der Familie, und beim Wort ‹Psychologie› erfasst mich noch heute ein Würgen.»

Ausgerechnet bei Psychotherapeutinnen habe ich aber schon beobachtet, dass ihnen die Grenze zwischen Beruf und Privatleben irgendwann abhandenkommt und sie plötzlich mit Erwachsenen respektive den Eltern ihrer Enkel so sprechen, als handle es sich um einen Klienten oder eine Klientin.

Als Kinder- und Jugendpsychologin hatte ich anfänglich auch Phasen, da fühlte ich mich gedrängt, mein Wissen anzubringen. Und das meist im falschen Moment. Heisse Eisen lassen sich aber tatsächlich nicht ohne Brandblasen anfassen. Meine Interventionen endeten stets mit Missverständnissen, einem aufgebrachten Sohn und/oder einer verstimmten Schwiegertochter.

Inzwischen hab ich gelernt: Nicht alles, was wir als vermeintlich Sachverständige vorschlagen würden, ist die einzige glückliche Alternative. Halten wir Alten also, wenn irgend möglich, die Klappe!

Als hoffentlich auch selbstkritische Langzeiteltern wissen wir im Grunde nur zu gut, wo wir bei den eigenen Kindern versagt haben. Nicht unbedingt vorsätzlich, auch als Folge des Perfektseinwollens, aus Unkenntnis und falscher Sicherheit. Dieselben Fehler wollen wir bei den Grosskindern um keinen Preis wiederholen.

Trotz guter Vorsätze dürfen wir uns dennoch keinen Illusionen hingeben. Grund für Schulterklopfen und befriedigtes Zurücklehnen besteht gar nie. Unabsichtlich werden wir neue, andere Fehler machen, in der Verblendung aller Grosseltern und Eltern: das Beste für ihre Kinder und Kindeskinder gewollt zu haben!

Andersrum gehts auch

Learning by Doing – und das lebenslang – ist eine der modernen Devisen. Um Neues zu lernen, neue Erfahrungen und neues Wissen in den langsamer speichernden Gedächtniszellen zu deponieren, ist der Mensch nach jüngeren Erkenntnissen der Neurowissenschaften nie zu alt. Wenn schon Sudokus und Kreuzworträtsel Mittel gegen die schleichende Vertrottelung sein sollen, was zwar von etlichen Neurologen wiederum in Abrede gestellt wird, wie viel wirkungsvoller müssen sich dann erst die vielen praktischen Übungen in moderner Bewältigung der Kleinkindbetreuung auf Kalk ansetzende Gehirne auswirken. Ompas machen erstaunlich positive Erfahrungen im Bereich Säuglingspflege. Ein grosses Umdenken in Bezug auf Babys hat stattgefunden: punkto Wickeln, Ernährung, Körperkontakt und Tragetechnik. Ein Paradigmenwechsel von vergleichsweise stur und mit wenig individuellem Spielraum in Richtung lockerer und für alle bequemer.

Eine leichte Übung für Anfänger-Ompas der alten Schule ist das Windelwechseln. Dank Pampers und ähnlich saugfähigen Marken kann der zarte Baby-Po für Stunden trockengelegt werden. Den Kleinen tut nichts weh, ergo schreien sie weniger. (Naiv ist allerdings, wer das ohne Vorbehalte glaubt.)

Vorbei die Zeit der Stoffwindeln im stinkenden Kübel mit dem Geruch vor sich hin modernder Ausscheidungen. Nie mehr, infolge der ehedem nur monatlich zweitägigen Waschküchentermine, eine riesige dampfende Wasserpfanne auf dem Herd, aus der die im Lavabo grob gesäuberten Windeln wieder sauber und rein gesotten an die Wäscheleine kamen.

Wie praktisch nehmen sich gegen die damalige Prozedur die hygienischen Wegwerfwindeln aus – ein Kinderspiel im Vergleich zu früher! Heutige Eltern haben ja keine Ahnung. (Über die anwachsenden Entsorgungsprobleme infolge der erstaunlich hohen Windelberge, die nur schon ein einziges Kind im Laufe der ersten zwei Jahre produziert, darf man allerdings nicht nachdenken, sonst greift man der Umwelt und der Zukunft der Enkel zuliebe doch wieder zu Stoffwindeln.)

Fast unbegreiflich, dass immer mehr junge Mütter Fachstellen aufsuchen und klagen, sie kämen mit einem einzigen Ein- bis Zweijährigen nicht zurecht. Das liegt vielleicht auch daran, dass sie sich zusätzlich noch das perfekte Baby wünschen und damit sich selbst und das Kind total überfordern.

Um einiges anstrengender als das Windelwechseln dünkt mich die Gewöhnung ans Tragen und Wiegen des schreienden Wonneproppens auf meinem spätestens nach einer halben Stunde eingeschlafenen Arm. Dazu mein endloser Singsang: «Schlaf, Kindlein, schlaf, der Vater hütet Schaf ...» Nichts von Beruhigung, die bald acht Monate alte Adele wird schwer und schwerer, ihr Geschrei immer lauter, der kleine Körper versteift sich vor Empörung und Hunger. Sind ja auch weit und breit keine Schafe. Das bisschen abgepumpte Muttermilch ist längst verdaut. Und die Mama – wo? In der Stadt. Die Mär vom väterlichen Schafhirten verfehlt ihre tröstliche Wirkung inzwischen vollends, genau wie die Mogelflasche mit ungesüsstem Tee.

Endlich klingelt mein Handy: die Stimme der Mutter. Eine Panne, das Tram stünde still, Rohrbruch, Strasse unter Wasser. Bald Mitternacht. Und die untröstliche Adele schreit wie am Spiess.

Bis die Rettung in Gestalt von Mama mit nährender Brust naht, ist die kleine Niedliche eingeschlafen, mein Arm, erst gefühllos wie ein Bleiklotz, schmerzt plötzlich. Es ist eine halbe Stunde nach Mitternacht. Der letzte Bus fährt mir vor der Nase weg und der Heimweg zu Fuss durch das mitternächtliche Zürich dauert ewig. Schönes neues Oma-Leben!

Wie war das eigentlich zu unserer Zeit? Als unser Ältester seinen ersten Geburtstag feierte, waren wir, seine Eltern, weit weg, in Stockholm und im damaligen sowjetischen Leningrad. Wenn ich mir heute vorstelle, was uns alles hätte zustossen können, wird mir ganz flau. Eine echte Zumutung wars für die zur Betreuung auserwählte Grossmutter und ohne die geringste Möglichkeit einer Verbindung zu uns Rabeneltern. Kein Telefon, kein Handy, kein Internet, keine Post. Wir fanden aber, meine Mutter würde das Privileg in vollen Zügen geniessen, zwei lange Wochen ungestört mit ihrem vorerst noch einzigen Enkel verbringen und mit ihm sein erstes beendetes Lebensjahr feiern zu dürfen. Zu dürfen? Zu müssen!

Heute würde ich niemals mehr so leichtsinnig handeln. Der erste Geburtstag wäre mir wichtiger als jede Reise. Unsere Enkeleltern sind ohnehin die Letzten, die ihre Kinder so lange ferienhalber verlassen würden. Ich kenne aber mehrere Ompas, die in allen Schulferien ein bis zwei Grosskinder bei sich haben, damit sich deren Eltern mal vom Kinderstress erholen können. Manchmal vermute ich aber, es seien eher die Grosseltern, die ohne ein Enkelkind gar nicht mehr sein mögen.

Im privaten Umfeld erlebe ich viele junge Mütter und Väter als entspannt und spielerisch im Umgang mit ihren Sprösslingen. Manchmal vielleicht zu nachgiebig und unstrukturiert, aber sehr herzlich und liebevoll. Sie geben sich mit den Kids ab, spielen mit ihnen, nehmen sie als Person ernst und lassen ihnen dabei auch Freiraum und Zeit, vieles selber zu machen. Obschon es länger dauert. Die Kleinen lohnen dies mit früher Selbständigkeit.

Ein Denkanstoss an uns Grosseltern: Statt immer mit einem guten Ratschlag, was alles anders und natürlich besser oder effizienter gemacht werden könnte: vom Gute-Nacht-Ritual bis zur wetterfesten Kleidung einfach mal zugeben, dass wir durchaus von modernen Müttern und Vätern lernen können, wie man auch noch mit Jungs und Mädchen umgehen kann, um sie für all das, was an Schönem und leider auch an Schwerem im späteren Leben auf sie zukommen kann, so weit wie möglich fit zu machen.

Andersrum gehts meistens auch. Vermutlich mit dem gleich guten oder dem ebenso unerwarteten oder gar traurigen Ergebnis. Weder als Eltern noch als Ompas haben wir ein verbürgtes Recht auf das Gelingen unserer Kinderaufzucht. Wir können uns nur bemühen und unser Bestes geben – alles andere ist Gnade und/oder schlicht Schicksal.

Less Perfection

Erfolg hat viel mit Perfektion zu tun. Je perfekter sich jemand in beruflich relevanten Situationen verhält, je selbstsicherer, flexibler oder auch devoter und angepasster – je nach Branche und Stellung –, desto schneller erklimmt er die Karriereleiter oder erhält den gewünschten Job.

Im Umgang mit Menschen dagegen zählt weniger perfektes Auftreten mehr. Darum sind unvollkommene Mütter und Omis, Väter und Grossväter, die auch mal fünf gerade sein lassen können, in der Erinnerung vieler Menschen eine Art Leitfiguren. Less Perfection (weniger Perfektion), dieser Songtitel der deutschen Newcomer-Band ‹Naturlich› (ohne ü!) sollte als Motto für alle sich dauernd überfordernden Eltern und Ompas dienen. Im Familienalltag gibt es noch immer sehr viele, die mehr als gut sein wollen, nämlich perfekt. Weniger perfekt heisst authentisch, sprich ehrlich – und dazu gehören all die kleinen Missgeschicke, Peinlichkeiten, Unvollkommenheiten, die den Alltag im Grunde farbiger und weniger eintönig machen. Lebendig und liebenswert.

Um jedem Missverständnis vorzubeugen: Unperfekt ist nicht gleichbedeutend mit gleichgültig, chaotisch, unbeherrscht, träge oder gar faul und egoistisch. Less Perfection ist eine Lebenshaltung. Wer sich aus dem ständigen heimlichen Wettbewerb, immer und überall glänzen zu wollen und dies vielleicht sogar zu können, bewusst ausklinkt, gewinnt mehr Lebensfreude, mehr innere Ruhe, Distanz und eine bessere Beziehung zu den Mitmenschen. Und das ist in erster Linie auch ein Vorrecht der älteren Generation. Davon profitieren zuerst und am meisten die Jüngsten. Leider erwarten heute nicht nur Eltern, sondern auch eine Reihe von Ompas das perfekte Kind, und diese unrealistische Erwartung ist zusätzlich belastend für eine junge Familie.

Das Leben wird sinn- und gehaltvoller, wenn wir neue, eigene Massstäbe setzen und uns darüber Gedanken machen, welche Werte für uns persönlich zentral und wichtig sind und was wir eher vernachlässigen können. Für Grosseltern hiesse das eigentlich, mutig den eigenen Lebensstil durchzusetzen zu versuchen: Kein Chef, keine Stoppuhr und kein Zwang zur Etikette schränken unsern Tagesablauf ein.

Wer vom Weckergeklingel bis um Mitternacht dauernd seinen unerfüllbaren Perfektionsstandards hinterherhechelt, wird von Freundeskreis und Arbeitskolleginnen zwar bewundert, vorwiegend aber beneidet. Bald gleicht so jemand einer Kerze, die an beiden Enden brennt. Das heute so beliebte, laut jüngsten Untersuchungen letztlich aber eher ineffiziente Multitasking – mehrere Dinge miteinander und erst noch gut zu erledigen – entpuppt sich oft als Selbstbetrug. Wer sich jedoch, ganz wie in vormedialen Epochen, eine Aufgabe nach der andern vornimmt, erreicht schlussendlich mehr, als wenn vieles gleichzeitig, das Einzelne aber vergleichsweise oberflächlich erledigt wird.

Weder Sohn noch Tochter, weder Partner noch Partnerin, weder Enkel noch Besucher leiden wirklich unter schlecht geputzten Fensterscheiben, Fuseln hinterm Schrank und einem leicht angebrannten Kuchen, dem zu wenig aufgegangenen

Zopf oder einer gekauften Pizza. Viel wichtiger, wir nehmen uns statt hektischem Hin und Her Zeit für unsere Kindeskinder. Längst habe ich das Bügeln von Hemden und Wäsche aufgegeben. Es gibt Wesentlicheres im Alter. Und doch leben wir nicht in einem ungepflegten Ambiente. Nur wenige Menschen fühlen sich echt wohl in einer stets auf Hochglanz polierten Wohnung, puristisch möbliert und daueraufgeräumt, also in Räumen, die jederzeit für Werbeaufnahmen und zu Besichtigungszwecken tipptopp präsentierbar sind.

Besonders Omas sollten sich von unnötigem Ballast befreien und sich nicht auch noch auf die Perfektionsschiene begeben. Vielmehr ist es ungemein entlastend, den Lebensstil zu vereinfachen. Anstelle von sisyphusartiger Putzerei beschert ein Spielnachmittag oder ein Ausflug mit Enkeln und Enkelinnen innere Nachhaltigkeit und festigt erst noch das Band zwischen Alt und Jung.

Mütter, die immer alles optimal machen und stets die liebe Mami sein wollen, sich nicht mit den Kids anlegen, ohne (männliche) Hilfe putzen und sich nie einen Wutanfall leisten, perfekte Dinners servieren, trotz Kleinkind sich ohne Spuren klebriger Finger auf ihren Designerklamotten präsentieren, sind nicht nur mir suspekt. Wer kosmetisch up to date souverän zwischen Krippe, Beruf und Hausarbeit hin- und herswitcht, ein Dauerlächeln im Gesicht und niemals seine Haare wegen eines Bad-Hair-Days unter einem Tuch zu verstecken sucht, erinnert verdächtig an Heidi Klum.

Kein Wunder, wenn die perfekten Mütter im Normalfall nach Jahren der Dreifachbelastung und des Perfektionswahns Asthma, Heulkrämpfe, Wutausbrüche oder Depressionen kriegen. Und in schweren Fällen sogar die ganze Psychopalette aufs Mal.

Und um wen sind Mütter in dieser verfahrenen Situation froh? Natürlich um die Unterstützung durch ihre ‹Oldies›.

Selbstverständlich sind Ompas ganz und gar keine Ausnahmemenschen. Gewiss ärgern auch sie sich ab und zu und hauen auf den Tisch (nicht auf die Enkel!). Und dies nicht ohne einen entsprechenden Anlass, sprich Auslöser für ihren Zorn. Zwar hat die lange Lebenserfahrung jene Sorte Grosseltern, die gern zum Kinderhüten gefragt wird, meist geduldiger und nachsichtiger gemacht. Die strengen Autoritäten der alt-konservativen Erziehergilde werden ja von der jüngeren Generation falls möglich ohnehin gemieden.

Mit dem Alter der Kinder wächst aber auch die Wahrscheinlichkeit von aggressivem und gröberem Verhalten. Geschieht das in Gegenwart der Ompas, haben diese allen Grund, sich einzubringen. Hier zu schweigen, einfach Ohren und Augen zuzudrücken, ist auch für Grosseltern grundfalsch. Selten werden übrigens Enkel gegen ihre Grosseltern tätlich. Denn, wie gesagt: Die meisten schätzen und lieben ihre Altvordern. Sogar in der problematischen Lebensphase zwischen Kindheit und Erwachsenwerden.

Reagieren wir nicht überheblich, sondern echt interessiert, fragen wir nach dem Warum jugendlicher Abstürze und unerwarteter Aggressionen, lassen wir Enkel und Enkelinnen einfach erzählen, ohne zu kommentieren und zu verurteilen, werden wir eine Art Mentorenfunktion erfüllen können. Nehmen wir echt Anteil an Schulschwierigkeiten, Pubertätskrisen etc., erleben die Teenager uns als lebendige, nicht als verknöcherte, besserwisserische oder gleichgültige Senioren. Gelingt es, sie in ihrer Entwicklung positiv zu unterstützen, werden sie spüren, dass ihre Grosseltern noch immer lebendige Menschen mit Ecken und Kanten und keine musealen Relikte sind.

Wie Grosseltern ticken

Bisher beschrieb ich vorwiegend meine eigenen Erlebnisse und persönlichen Herausforderungen im Grosselternstand. Aus Gesprächen mit einer Anzahl ebenso am Nachwuchs Interessierter weiss ich inzwischen, dass mein Mann und ich viele Erfahrungen mit andern Grossvätern und -müttern teilen; das heisst, dass wir zur grossen Zahl der mehr oder weniger regelmässig ihre Enkel betreuenden Durchschnitts-Ompas gehören. Doch es gibt immer wieder auch Grosseltern, die eher atypisch auf den Nachwuchs ihrer Söhne und Töchter reagieren.

Super-Eltern kommen im realen Leben sehr selten vor. Und genauso so vergeblich sucht man auch nach Bilderbuch-Ompas. Wir sind genauso verschieden, fehlbar und unvollkommen wie alle Menschen, die eigenen Kinder und Kindeskinder inbegriffen.

Endlich!

Es gibt einen verschärften Grund, sich auf die Ankunft des ersten Grosskindes besonders zu freuen, nämlich dann, wenn dessen Mutter die statistische Fertilitätsphase bereits überschritten und die alles andere als taufrischen Ompas längst den Zenit ihres Lebens hinter sich gelassen haben.

Nicht selten reagieren diese auf die frohe Botschaft zuerst mit einem aufatmenden «Endlich!» – einer verhaltenen Freudenbezeugung, in der unterschwellig der leise Vorwurf mitschwingt: «War aber auch Zeit. Wir dachten schon, wir kriegten nie Enkel!»

Manche ältere Paare haben denn auch jahrelang heimlich oder unverblümt offen bei Tochter oder Schwiegertochter nach ersten Anzeichen einer Schwangerschaft gefahndet. Ist ihr morgens übel? Rundet sich endlich ihr Bauch? Zeigt sie ungewohnte Gelüste? Argwohn und Enttäuschung, wenn nichts davon zutrifft. Liegt es an ihr oder doch eher am Sperma ihres Partners? Heikle Fragen zu einer sehr intimen Angelegenheit.

Manche Frauen streben erst mal nach Erfolg im Beruf und wollen sich dann später für ein Kind entscheiden. Manchmal ist jedoch beim später erfolgten Entschluss das biologische Verfallsdatum bereits abgelaufen. Wieder andere Paare wünschen sich überhaupt keine Kinder. Das ist deren ureigene freie Entscheidung. Für die ungeborenen Kids jedenfalls besser, als wenn sie zufällig gezeugt, später abgetrieben oder einfach so nebenher erduldet worden wären.

Es gibt in der Tat Mütter, denen ihre Kinder nicht alles im Leben bedeuten. Das mit dem angeborenen, allzeit bereiten selbstlosen Mutterinstinkt gehört vermutlich zu den Herd-und-Heim-Mythen, um Frauen als eine Art Haustiere zu domestizieren und den Männern gefügig zu machen. So jedenfalls sieht Elisabeth Badinter, französische Autorin und Philosophieprofessorin, den heutigen Trend zur neuen Lust am Muttersein. Ihr allerneustes Buch ‹Der Konflikt› bezieht sich auf gesellschaftliche Tendenzen in Frankreich. Sie fordert eine grössere Toleranz gegenüber den verschiedenen weiblichen Lebensentwürfen, zu denen auch gewollte Kinderlosigkeit zähle. Sie räumt der Erwerbsarbeit höchste Priorität ein und bezichtigt Frauen, die der Kinder wegen daheim bleiben, als unemanzipiert und hinterwäldlerisch. Badinter wettert gegen die ‹sanfte Tyrannei der Mutterpflichten›, gegen ‹Still-Ayatollahs› und Kinderpsychologen, welche die frühkindliche Mutterbindung als wesentlichen Grundstein zur Persönlichkeitsbildung betrachten.

Das Buch bildet eine interessante Diskussionsgrundlage, schiesst aber für meine Begriffe übers Ziel hinaus. Denn auch Frauen, denen Kinder mehr bedeuten als eine berufliche Karriere, sind keineswegs doof und nur ihren Männern hörig, damit diese ungestört von Vaterpflichten ihrem Beruf nachgehen können.

Jede Frau muss heute endlich das Recht haben, mit oder ohne Nachwuchs ihren Beruf ausüben zu können, aber sie soll ohne schlechtes Gewissen auch ‹nur› Mutter und Familienfrau sein dürfen.

Freudig empfangener, als Laune der Natur oder mit Absicht verweigerter Nachwuchs, alle möglichen Varianten in Bezug auf Nachkommen, selbst wenn ihnen dies alles noch so ungerecht erscheint, haben die sich nach Enkel sehnenden Mütter und Schwiegermütter zu akzeptieren. Sie mögen sich noch so schwer damit tun. Niemand hat ein verbürgtes Menschenrecht auf Nachwuchs, weder auf eine erste noch auf eine weitere Auflage. Auch Enkelkinder sind ein Geschenk. Und zu ihrer Zeugung können die sie herbeisehnenden Grosseltern rein gar nichts beitragen.

Zwar lassen moderne Empfängnismethoden eine Menge an medizinischer Nachhilfe zu, und nicht wenige Frauen quälen sich psychisch und physisch jahrelang und versuchen alles Erdenkliche und Menschenunmögliche, damit sie vielleicht doch noch Mutter werden. Ein alles beherrschender Kinderwunsch kann übrigens auch Männer befallen. Vereinzelt sogar Schwule. Bei jenen Menschen, deren Interesse nur noch auf den Punkt ‹eigenes Kind› fixiert ist, kreisen Träume, Gedanken und Hoffnungen ausschliesslich um das Thema Elternschaft.

Liegen die eigenen Eltern oder gar die Schwiegermama einem kinderlosen Paar dann ständig mit Fragen, Ratschlägen und Selbstmitleid wegen der Enkelabstinenz in den Ohren, kann der zusätzliche Druck die ohnehin schwierige Situation nur verschlimmern.

Übrigens: Frauen, die krampfhaft versuchen, schwanger zu werden, haben oft keinen Erfolg. Falls die Unfruchtbarkeit nicht beim Partner liegt, befindet sich die Barrikade aber häufig nicht im Bauch, sondern in ihrem Kopf. Wer akzeptieren lernt, dass ein Leben auch ohne eigenes Kind reich und sinnvoll sein kann, ist nicht selten plötzlich schwanger.

Geschieht dann allen gynäkologischen Fehlschlägen zum Trotz das kleine, doch subjektiv einmalige Ereignis, drückt das grosselterliche «Endlich!», mit dem das heiss erwünschte Geschöpf begrüsst wird, in erster Linie Erleichterung und Dankbarkeit pur aus.

Davon profitieren alle, denn was so lange ersehnt wurde, ist überaus kostbar. Das bezeugen etliche Äusserungen jener Ompas, die sich vor lauter Staunen über das Wunder des endlich geborenen Enkelkinds kaum mehr einkriegen können – fast noch weniger als beim eigenen ersten Baby.

Hilfe, eine Panne!

In anderen Familien ist es genau umgekehrt: Kein «Endlich!» entfährt den Eltern, wenn ihre mitten in der Ausbildung stehende Tochter erklärt, sie werde Mutter, oder der knapp 18-jährige Sohn fürchtet, Alimente für ein ‹im Partytaumel gezeugtes› Kind bezahlen zu müssen. Ich denke jetzt nicht an schwangere Schulkinder oder gar an junge Vergewaltigungsopfer, sondern an Reaktionen bei der Nachricht, eine kaum den Kinderschuhen entwachsene Tochter erwarte ‹aus Liebe› und/oder aus Unvorsichtigkeit ein Kind.

«Oje, musste das sein? Gehts eigentlich noch? Wir finden einen guten Arzt, dann ist alles wieder okay.» So oder ähnlich schockierend lauten auch heute noch erste elterliche Kommentare.

Kurzer Rausch – lange Reue. Nach wie vor entstehen immer wieder Kinder ungeplant. Im Idealfall werden sie aber trotzdem von den zukünftigen Jung-Eltern, vor allem von den Frauen, akzeptiert. Wenn der unbeabsichtigte Nachwuchs von der jugendlichen Mutter mit Liebe erwartet wird, ist sein Eintritt ins Leben problemloser. Oft aber trifft es vor allem die Grosseltern, die nach der Geburt – nicht ganz freiwillig, sondern mehr aus Verantwortungs- und Pflichtbewusstsein – weit mehr als üblich zur täglichen Betreuung in Beschlag genommen werden.

Jede ungeplante Schwangerschaft einer kaum erwachsenen Tochter erregt ambivalente Gefühle in den oft im besten Lebensalter zu Grosseltern und zur Finanzhilfe verdonnerten Müttern und Vätern. Eine Aufgabe, die eigene Wünsche durchkreuzt. Auch wenn die Tochter noch in der Ausbildung steht und sich – allfälligen Abtreibungswünschen des Kindsvaters oder ihrer Eltern zum Trotz – für das Kind und seine Fürsorge entscheidet, benötigt sie fast immer zusätzlich die Mehrfach-Unterstützung ihrer Eltern (vorweg der Mutter): praktisch, moralisch und nicht zuletzt finanziell.

Überraschung, Wut und Hass auf den verantwortungslosen Erzeuger, aber auch auf die leichtsinnig schwanger Gewordene, die vielleicht nur die Pille vergass, wechseln im Laufe der folgenden Monate mit zaghaft aufkeimender Freude über den zu erwartenden Familienzuwachs. Bei diesem Ereignis kann ein Enkelkind dem grosselterlichen Lebensrhythmus einen Takt aufzwingen, der so keineswegs geplant war und der fürs

Erste die lang ersehnte Autonomie erschwert oder gar verunmöglicht. In vielen Fällen übernimmt automatisch die Grossmutter die anfängliche Betreuung und Verantwortung fürs Baby, während die Tochter ihre Ausbildung beginnt oder beendet.

So bricht über manche der sich noch jugendlich cool fühlenden Frauen und Männer die Ompas-Phase vorzeitig herein, für ihr gegenwärtiges Selbstverständnis, ihre finanzielle Lage und ihren Lebensentwurf zu früh. Doch nicht schon jetzt! Und unter diesen Voraussetzungen! Enkel hätten ruhig später und unter andern Begleitumständen kommen können.

Begreiflich. Bis das ‹Pannenkind› da ist. Dann überwiegen in der Regel auch hier Freude und Stolz. Sollten es gar Zwillinge sein, verdoppeln sich neben Arbeit und Verantwortung vermutlich sogar die Eustress-Hormone und Endorphine, jene körpereigenen Stimuli, welche einen positiven Adrenalinschub und Glücksgefühle auslösen.

Null Bock auf Wiederholung!

Es gibt aber auch Männer und Frauen, die liebend gern – zu welchem Zeitpunkt auch immer – auf Enkel verzichten. Eigene Kinder zu haben, bedeutet nicht, unbedingt noch eine Zweitauflage erleben zu wollen. Nicht mal aus der Ferne.

Gemeinsam ist diesen Männern und Frauen, dass sie von Natur aus nicht allzu kindernärrisch sind. Für kleine und laute Kinder haben Menschen, die ihre Prioritäten hauptsächlich ausserhalb der Familie sehen, nicht unbedingt viel übrig und heutige Jugendliche finden sie ohnehin ätzend; also lieber weder die einen noch die andern im eigenen Umfeld. Kinderkram, Sandkastengezänk, später pubertäre Elternbeschimpfung – alles gehabt. Das reicht. Gings nach ihnen: keine Enkel, bitte!

Die Pille war vor nicht allzuvielen Jahren in katholischen Gegenden ohnehin kaum erhältlich, zu wenig bekannt und Kinder gehörten einfach irgendwie zur Ehe. Im Grunde genommen wäre es einzelnen Paaren aber ebenso gut ohne Nachwuchs gegangen. Man hätte sich beruflich, punkto Interessen und Freizeit weniger einschränken müssen.

Vor kurzem erst sind anderswo vielleicht die flügge gewordenen Nachkommen ausgezogen, und die im Nest zurückgebliebenen Eltern versuchen nun, sich neu zusammenzuraufen und einen ihnen entsprechenden Alltagsrhythmus zu finden. Sie brauchen Zeit für ihre Beziehung.

Wieder andere Eltern haben sich endlich zur längst fälligen – nur den Kindern zuliebe immer wieder hinausgeschobenen – Trennung oder Scheidung durchgerungen, möchten ihre Freiheit als Single ohne familiäre Verpflichtungen geniessen oder sie pflegen eine neue Leidenschaft und Liebe. Frauen stehen nicht selten vor einer beruflich aufregenden Herausforderung und immer mehr wollen sich nach der Menopause endlich selbst verwirklichen, was immer das auch bedeutet.

Als eins von unzähligen Beispielen erwähne ich nur die Mutter des 2010 amtierenden Mister Schweiz. Sie zog vier Kinder gross und trennte sich nach deren Wegzug räumlich und innerlich von ihrem Mann, aber nicht von der Familie, lebt in einem 300-jährigen Haus im Bündnerland und hat sich im Einverständnis mit den Angehörigen eine kleine Schafherde zugetan, samt Hüterhund. Mit über 50 Jahren will sie endlich ihren Jugendtraum erfüllen und als Schafzüchterin in den Bergen leben.

Andere Menschen im Rentenalter beginnen ein Studium, widmen sich ernsthaft einem Hobby, möchten ausgedehnte

Reisen unternehmen oder ziehen ins Ausland, sogar in einen andern Kulturkreis. Enkel hin oder her: Manche Grossmutter will endlich selber Prioritäten setzen und die Freiheit haben, ihre noch verbleibende Lebenszeit ausschliesslich so zu nutzen, wie es ihrem eigenen Bedürfnis und nicht den Wünschen anderer entspricht. Selbst wenn es sich dabei um die eigenen Kinder und Kindeskinder handelt.

Nicht alle in einen Topf werfen

Wieder andere Eltern bräuchten zwischen eigener Kinderaufzucht und der – wenn auch nur zeitweiligen – Betreuung von den nach und nach eintrudelnden Sprösslingen der nächsten Generation eine längere Schonzeit zur Erholung vom jahrelangen Dreifachdruck durch Kind, Beruf und Hausarbeit. Im Klartext: Es gibt Mütter (und sogar Väter), die möchten sich erst mal erholen vom Eltern-Burnout. Keine Quengel-Babys, keine dreijährigen Rotznasen, weder frühreife Wundergören noch Sorgenkinder unterschiedlicher Schweregrade und am allerliebsten nie mehr irgendwelche Kontakte zu stinknormalen, will heissen: sackfrechen Kids im Teenageralter.

Nicht nur durch den Beruf versengte Lehrpersonen, auch ausgebrannte Eltern gibt es zuhauf. Vor allem Mütter. Darüber zu sprechen ist allerdings ein Tabu, da kriegt frau gleich den Stempel ‹Versagerin› oder ‹Egoistin› aufgedrückt. Dabei hat das nichts mit ‹unfähiger Rabenmutter› oder gar mit Egoismus zu tun. Vielleicht war oder ist ein Kind an sich schwierig, lange krank, behindert oder anderweitig in seiner Entwicklung gestört.

Manche Mütter haben vielleicht ihre Kinder zu sehr symbiotisch vereinnahmt. Dieser Klammereffekt und die Tag-und-Nacht-Sorge um die beinahe oder ganz erwachsenen Töchter und Söhne zermürben zuletzt alle, führen zum gegenseitigen Überdruss und zu einer seelischen Magenverstimmung. Bis Mutter, Kind und Vater nur noch den Moment der Trennung herbeisehnen.

Aber auch nicht ausgebrannte Eltern haben oft keine besondere Lust auf das Wechseln stinkender Windeln und/oder auf abendliches Babysitten. Sie schaudern eher beim Gedanken, Oma oder Opa, Grosi oder Grossvati gerufen zu werden, und lassen sich nach wie vor mit ihrem Vornamen anreden. Wenigstens zu Beginn ihrer Ompas-Laufbahn. Ist das Enkelkind aber etwas älter, werden die meisten ebenfalls von der ansteckenden Grosseltern-Euphorie erfasst: jener Mischung aus Stolz, Dankbarkeit und Sorge um die Zukunft des kleinen Menschen. Wer sich über solche Emotionen erhaben glaubt, warte ab, bis Enkel da sind und das einmalige Ompa-Feeling automatisch auch Abgebrühte trifft.

Ähnlich geht es übrigens manchen Tanten und Onkeln bei ihren ersten Nichten und Neffen, und auch Patinnen und Paten kennen diesen emotionalen Umschwung. Wer bisher Babys und Kleinkinder eher unter die Rubrik ‹Störenfriede, Unruhe und Geschrei› abtat, erfährt als Mitverantwortliche der Eltern plötzlich, was das Kindchenschema vermag (auch Jungtiere wie der kleine Eisbär Knut werden der äusseren Erscheinung wegen ins Herz geschlossen): grosser Kopf, Kulleraugen, breite Pfoten respektive Patschhändchen.

Man beobachte nur einmal alte Menschen, die in einem öffentlichen Verkehrsmittel einem fremden Kleinkind gegenübersitzen. Im Nu zaubert so ein Wicht ein Lächeln auf traurige oder griesgrämige und verbitterte Mienen.

Die Realität zeigt also: Nicht alle Enkelkinder werden mit gleicher Begeisterung empfangen. Ins Freudengeschrei mischen sich Vorbehalte. Im grosselterlichen Willkommensgruss kann je nach Situation und Familienzusammenhalt vom kitschigen Überschwang bis zur Dissonanz alles Mögliche mitschwingen. Die Kommentare zur Geburt des ersten Enkels, der ersten Enkelin sind so verschieden wie die Rituale zur Feier des frohen Ereignisses. Und so unterschiedlich wie die Beziehung der in den Oma-/Opa-Stand katapultierten Mütter und Väter zu ihren eigenen Kindern und deren Partnerinnen und Partnern. Von der örtlichen Entfernung der Generationen jedoch hängt die emotionale Intensität nicht ab.

Diese kann unabhängig von der Distanz manchmal beinahe bizarre Ausdrucksformen annehmen. Als Beispiel diene ein deutscher Manager, der seinem Enkel zum ersten (!) Geburtstag in einer grösseren Tageszeitung in Form einer Anzeige gratulierte und viel Erfolg im Leben und in der Schule wünschte. Und in einem städtischen Lokalblatt gratulierten zwei Ompas mit je einer eigenen Anzeige demselben Enkel zu seinem ersten Geburtstag mit dem Wunsch, er möge ein erfolgreicher Schüler werden. Da können einfacher tickende und weniger begüterte Artgenossen nur noch das ergraute oder gefärbte Haupt schütteln und sich zum eigenen gesunden Menschenverstand beglückwünschen.

Das andere Extrem finden wir bei jenen älteren Paaren oder Einzelpersonen, die das Recht auf ein total enkelunabhängiges Leben beanspruchen. Sie freuen sich zwar über deren Geburt, aber sie haben nicht die geringste Absicht, sich irgendwann als Notfalleltern einspannen zu lassen. Haben sie doch ihren Anteil zum Wachstum der Bevölkerung geleistet. Basta. Ihre Söhne und/oder Töchter sollen selber sehen, wie sie klarkommen. Auch diese – für manche seltsam anmutende – Argumentation hat für einige durchaus ihre Berechtigung.

Es würde hier zu weit führen, alle möglichen und unmöglichen Arten von grosselterlichem Verhalten aufzulisten; es ist wohl so individuell wie die einzelnen Menschen selbst.

Offenbar existieren aber einige ompastypische Muster, neue und solche, die lange Zeitspannen überdauert haben und auch im modernen Familienbiotop gedeihen.

Typen verschiedener Ompas

Nicht wenige Grosseltern weisen oft ähnliche Charaktereigenschaften und Veranlagungen auf. Das kann bis zu einzelnen typischen Verhaltensformen gegenüber den Enkeln führen. Manche Ompas lassen sich darum durchaus in Kategorien einordnen.

Von omnipotenten Übermüttern, Schoko-Ompas und andern grosselterlichen Varianten

Omnipotente Übermütter

Sie fühlen sich automatisch als Super-Grossmütter – haben sie doch schon Erfahrung mit der Aufzucht von drei, vier oder mehr Kindern. Nach Möglichkeit nehmen sie das neugeborene Leben von der Nabelschnur weg unter ihre kräftigen Fittiche und die jungen Eltern gleich mit, denn die können von so kompetenter Hilfe ja nur profitieren.

Karrierebewusste Mütter und hart arbeitende Väter sind oft wirklich froh, wenn eine tüchtige Allround-Grossmutter ihnen gleich die Hälfte oder noch mehr von ihrer Verantwortung für den Familienzuwachs und oft auch für den Haushalt abnimmt. Sind alle mit der nicht ganz alltäglichen Konstellation zufrieden, kann dieses Enkel-Oma-Arrangement durchaus eine positive und generationenübergreifende Lösung sein.

Zu bedenken ist allerdings, dass die Kindseltern in manchen Fällen immer weniger zu sagen haben. Auch wenn diese Art der Inbesitznahme der Enkel nur gut gemeint ist und von den jungen Eltern begrüsst wird, besteht die Gefahr, dass diese Omas vergessen, dass sie als mütterliche Stellvertreterinnen nicht zu alles bestimmenden, dominanten Übermüttern mutieren dürfen, denn Enkel sind niemals die eigenen Kinder – und die Eltern der erwachsenen Kinder haben das Recht auf ein autonomes Familienleben.

Problem-Schwiegermütter und Grossmütter mit Haar auf den Zähnen
«Unser Grosi meint, alle müssten nach ihrer Pfeife tanzen. Deshalb fürchten wir uns alle etwas vor ihr.» (Teenager, 15)

Zur Zeit der dominanten ‹Haus-und-Herd-Mütter› vertrauten viele Mamas ihre Göttersöhne höchst widerstrebend einer Nebenbuhlerin in Gestalt einer jungen Gattin an. Heute ist in sehr vielen Familien aus der sprichwörtlich konfliktreichen Beziehung Schwiegermutter-Schwiegertochter und der offenen Rivalität zwischen Mutter und Sohnefrau eher ein freundschaftliches Miteinander geworden.

Ausgenommen jene Fälle – und die gibts nach wie vor besonders in konservativen Familien –, in denen die Schwiegermutter erstens mithilft, die Frau für den Sohn auszusuchen, und/oder zweitens der Schwiegertochter seine Lieblingsrezepte zusteckt und ihr zeigt, wie sie die Wäsche bügeln und die Socken zusammenlegen soll.

Eigene Mamas können ihren erwachsenen Kindern samt Anhang ebenfalls entsetzlich auf den Nerv gehen. Häufige unangemeldete Besuche – «Ich wollte nur mal schnell vorbeischauen. Übrigens, wo ist eigentlich die Vase, die ich dir letzthin geschenkt habe? Und, wenn ich schon da bin, könnte man nicht endlich diese Kommode an jene Wand schieben?» – kommen bei jungen Frauen ähnlich gut an wie die ständige Einmischung in Erziehungsfragen. Konnten Alt und Jung sich vorher noch aus dem Weg gehen und Gespräche im Unverbindlichen halten, erhöht die Ankunft des ersten Babys eine vorher erfolgreich vermiedene Konfrontation zwischen der Mutter- und Tochtergeneration.

Auch wenn am Anfang bei Schwieger-Beziehungen hie und da die Funken sprühen – zwischen Müttern und Töchtern geschieht dies aber ebenso häufig –, gewöhnen sich die Vertreterinnen von zwei Generationen mit der Zeit aneinander, und die Liebe zu den Allerjüngsten schweisst beide Seiten zusammen.

Und nicht selten haben Ompas mit den Partnern und Partnerinnen ihrer eigenen Kinder schlichtweg Glück – das gilt natürlich auch umgekehrt.

Schoko-Ompas
sind nicht unbedingt empfehlenswert für die Zähne ihrer Nachgeborenen. Aus purer Zuneigung und manchmal auch aus Unwissenheit überhäufen sie ihre kleinen Lieblinge mit Schleckwaren und Zuckerzeug aller Art. Schoko-Grosseltern sind ein berechtigtes Ärgernis für viele Eltern. Was Kindern erst ein Genuss, führt bald zu Karies und Schmerzen. Im Zeitalter der Präventionen ist man/frau über diese Haltung wenig erfreut, sondern ziemlich verärgert.

Falls Kinder dazu angehalten werden, sich nicht gleich auf alle ‹Guti-guti› zu stürzen, vielmehr warten lernen und nur zu bestimmten Zeiten wohldosiert Süsses erhalten, von klein an mit Hilfe der Eltern ihre Zähne putzen und über die zerstörerischen Zuckerbakterien rechtzeitig aufgeklärt werden, hält sich der von den Ompas unbeabsichtigt zugefügte Schaden einigermassen in Grenzen.

Leider ist das Zahnpflege-Bewusstsein aber noch längst nicht in allen Familien verankert. Nach einem jahrelangen Rückgang stellen Zahnärzte wieder vermehrt Karies bei Vorschulkindern fest. Und das nicht nur bei sozial schwächeren

Schichten. Zur Erhaltung gesunder Milchzähne hilft ein aufklärendes Gespräch mit den Ompas. Ihnen muss schonend, aber deutlich beigebracht werden, dass die Zuneigung ihrer Enkel nicht an Süssigkeiten gebunden sein darf. Beobachte ich allerdings die vielen jungen Mütter, deren Kids in ihrer Gegenwart vor den Mahlzeiten noch Schokoriegel und ähnlich Süsses in sich hineinstopfen, frage ich mich oft, wer hier eigentlich wen aufklären müsste.

Zum Trost für alle mit Zahnproblemen trotz täglicher Pflege: Es soll eine Veranlagung zu gesunden oder eher kariesanfälligen Zähnen geben.

Kooperierende, anpassungsfähige Grossmütter und Grossväter

Zu dieser Kategorie sich klug Verhaltender gehört die Mehrzahl der modernen Grossmütter und Grossväter. Sie geben sich von Anfang an zurückhaltend, wollen den jungen Eltern nicht dreinreden, erinnern sich vielleicht an eine eigene, sich überall einmischende Mutter oder Schwiegermutter und vermeiden ungebetene Ratschläge, angefangen bei den Kochkünsten der Schwiegertochter und ihrer Erziehung. Sie mäkeln weder an ihrem Stil in Bezug auf Kleidung oder Einrichtung herum noch wollen sie ihr zeigen, wie die Wäsche ‹richtig› gefaltet und das Lieblingsgericht des eigenen Sohnes zubereitet werden muss. Über die politische oder religiöse Haltung des Schwiegersohns kann zwar diskutiert, aber er darf deswegen nicht verachtet werden. Er ist der Mann der Tochter, und die hat ihn aus irgendeinem Grund lieb. Empathische Ompas meiden jene Situationen, die ihnen seinerzeit selber das Leben schwer machten. Sie pflegen in der Regel den verhandelnden Erziehungsstil und verzichten im Umgang mit ihren Grosskindern auf die in den Fünfzigerjahren und in ihrer Jugend übliche Rechthaberei und Befehlspädagogik.

Autoritär-konservative Grosseltern

Bei ihnen handelt es sich hoffentlich um eine im Aussterben begriffene Spezies oder um seltene Ableger konservativer Erziehungsideale. Leistung, Zucht und Ordnung, Selbstbeherrschung und Disziplin sind jene Eigenschaften, die sie als wichtige Tugenden ihren Enkelkindern möglichst einpflanzen wollen.

Ein abschreckendes Beispiel beobachteten mein Mann und ich letzthin in einer Pizzeria an einem Tisch in der Nähe: Grossmutter, Tochter oder Schwiegertochter mit ihrem etwa neunjährigen Mädchen und seinem ca. vier Jahre alten Bruder; Söhnchen thronte auf Omas Schoss, die mit ihm schmuste und Küsschen-Küsschen spielte, während sie von seiner Schwester verlangte, Schulaufgaben zu machen. Die Schülerin schrieb längere Zeit in ein Heft, bis Grossmutter sie herrisch unterbrach und begann, das Einmaleins abzufragen. Wenn die Kleine nicht gleich antwortete, wurde sie von ihrer Ahnin barsch angeschnauzt. Zuletzt brach das Mädchen in Tränen aus, rührte keinen Bissen der aufgetragenen Pasta an und verliess noch immer schluchzend nach einer halben Stunde mit ihren Angehörigen das Lokal. Grossmutter hatte sich intensiv wieder ihrem Kronprinzen zugewandt, der sie unverwandt anstrahlte und anlachte. Die junge Mutter warf der nörgelnden Oma wohl ein paar mahnende Blicke zu, setzte sich aber nicht ein einziges Mal für ihre zusammengestauchte Tochter ein.

Ob sich hier ein tragfähiges Vertrauensverhältnis zwischen den Generationen bilden kann? Zum Glück sind die konsequenten Vertreter einer harten Erziehungsauffassung bald ausgestorben. Es sei denn, sie kriegen im Zuge der allerjüngsten Genderforschung über die gegenwärtige ‹Verweiblichung› der Gesellschaft neuen Aufwind.

Aufgeschlossene und doch in der Tradition beheimatete Ompas
verleugnen ihre moralischen und ethischen Wurzeln nicht. Sie sind Menschen der heutigen Zeit, ohne alles Moderne kritiklos zu bejubeln. Manche übernehmen ernsthaft die wichtige Aufgabe, die für sie wesentlichen Werte den Nachkommen weiterzuvermitteln. Ältere Ompas und Urgrosseltern bringen den Enkeln manchmal auch den Lebensstil ihrer eigenen Kindheit näher und betten ihre Erlebnisse in die Geschichte der abendländischen Tradition ein. Die junge Schlaraffenland-Jugend ist in ihrem Wissen häufig beinahe Lichtjahre von einer historisch fundierten Denkweise und entsprechenden Kenntnissen entfernt. (Mehr dazu Seite 109.)

Verwitwete Grosseltern
Nicht allen Elternpaaren ist es leider vergönnt, sich gemeinsam am ersten Baby ihrer eigenen Töchter oder Söhne zu erfreuen. Das gilt besonders für Männer. Laut Statistiken sterben sie weltweit gut sechs Jahre vor den Frauen.

Manche Paare werden vorzeitig durch den Tod getrennt. Eine grosse Zahl von Vätern kann sich an Enkelkindern nur kurze Zeit oder überhaupt nicht freuen. Für Witwen (und einzelne Witwer) ists einerseits tröstlich zu wissen, dass genetische Anteile des geliebten Menschen in den Nachkommen weiterleben. Anderseits ist es für die Hinterbliebenen auch traurig, allein die Entwicklung der Enkel zu begleiten. Vielen verwitweten Ompas werden die Kindeskinder zu einem echten Lebenselixier und sie haben oft eine besonders innige Beziehung zu ihnen. Und selbst wenn ein Grosselternteil gestorben ist, bleibt er irgendwie präsent und prägend. Auch Adele und Sofia gehen mit Meme zusammen regelmässig auf den Friedhof und hören ihr gern zu, wenn sie von Grossvater Momo erzählt.

Sehr junge Grosseltern

«Hilfe, ich will nicht schon jetzt Grossmutter werden!» Dieser Stossseufzer entfährt jenen Frauen, welche dank ihren früh gebärenden Töchtern zu jungen Omas werden und vielleicht noch selber Kinder im Babyalter haben. (Vereinzelt werden Mütter und Töchter sogar gleichzeitig schwanger.)

Für diese Eltern ist es nicht immer einfach zu akzeptieren, dass sie (selbst wenn es die Geburt des eigenen Enkelkinds ist) quasi über Nacht zur älteren Generation gezählt werden und als Familienglied dadurch unversehens eine Reihe weiter nach vorn rücken. Für sie kommt – trotz mehrmonatiger seelischer Vorbereitung – die plötzliche Versetzung zu den Altvorderen doch ziemlich unvermittelt, dies umso stärker, je jünger die frischgebackenen Omas und Opas und je aktiver sie noch im Berufsleben verankert sind. Einerseits sind sie trotz aller Vorbehalte stolz darauf, relativ jung ein Enkelkind zu kriegen, andererseits ist der Preis dafür ein endgültigerer Abschied von der eigenen Jugendblüte.

Aber immer noch besser als jene Frauen, die im Grossmutteralter erstmals durch Hormonbehandlung Mütter werden, oft ganz bewusst ohne Partner ihr Kind grossziehen und in erster Linie ans eigene Ego denken.

Internetgrosseltern

werden vor allem repräsentiert von Männern und Frauen mit sehr weit entfernten Enkeln, deren Eltern ausgewandert sind. Zum Glück helfen die modernen Medien, den Kontakt zwischen den Generationen trotzdem aufrechtzuerhalten. Dennoch ist es nicht ganz einfach, die Grosskinder nur einmal im Jahr oder noch seltener und sonst nur auf Videos oder Fotos zu sehen.

Doch selbst bei grosser räumlicher Distanz sind die Grosseltern sehr wichtig, hat eine Studie herausgefunden: Einmal im Jahr geht man zur Nonna. Oder die Nonna kommt, wenn es Probleme gibt.

Unerwünschte Grosseltern
Tragisch ist die Situation jener Ompas, denen der Kontakt zu ihren Enkeln (meist von deren Mutter) rigoros verboten wird. Die Betroffenen leiden sehr darunter, dass ihnen der Umgang mit ihren jüngsten Nachfahren quasi auf Lebzeiten untersagt ist. Juristisch sind sie machtlos. Eine einzige Hoffnung bleibt ihnen: Vielleicht möchten ihre Enkel sie später aus eigenem Verlangen kennen lernen.

Die Gründe für eine solche Ausgrenzung werden selten klar benannt. Nach Scheidungen verbieten vereinzelte Mütter den Grosseltern väterlicherseits jede Begegnung mit den Enkelkindern. In manchen Fällen steckt auch ein ungeklärter Schwiegertochter-Schwiegermutter-Konflikt, oft auch eine ungelöste Mutter-Tochter-Problematik dahinter. Der Streit kann pathologische Dimensionen annehmen und die ehemals guten Beziehungen zwischen den Angehörigen einer ganzen Familie extrem vergiften.

Diese seelische Entfremdung ist manchen Eltern unbegreiflich, sie suchen täglich die Schuld bei sich und machen sich dabei dauernd Sorgen um das Ergehen ihrer Kindeskinder. Gegen ihren Willen verlassene Grosseltern gründen und besuchen zum Teil Selbsthilfegruppen, wo sie sich untereinander aussprechen können.

Scheidungs- und Patchworkgrosseltern
Sie befinden sich in einer ähnlichen Lage wie die Stiefeltern und die Stief-Ompas. Oft haben beide Seiten Mühe, sich aufeinander zuzubewegen. Ist ja auch für Alt und Jung nicht einfach, in einer für beide Generationen unfreiwillig gebildeten ‹Zwangsfamilie› den Anschluss zu finden und sich freund-

schaftlich einander zu nähern. Alleinerziehende, geschiedene Mütter finden oft Halt bei den eigenen Eltern und manchmal auch bei den Schwiegereltern. Ist dies der Fall, bestehen keine grossen Probleme, den Kontakt mit den Kindeskindern weiterzupflegen. Oder: In einem Fall, da die Mutter den Sohn zugesprochen erhielt und tagsüber aber arbeiten muss, übernimmt die Oma (väterlicherseits) die Aufsicht und versteht sich nicht nur mit ihrem Enkel ausgezeichnet, sondern auch mit beiden geschiedenen Elternteilen. So sollte es auch sein. Eine Anzahl Ompas gehört jedoch ebenfalls zu den Scheidungsopfern, da nach dem Auseinanderbrechen der Ehe von Sohn oder Tochter auch jeder Kontakt zwischen ihnen und den Enkeln abrupt abgebrochen wurde.

Sippen-Ompas

«So viele Menschen, die ich nicht richtig kenne, überfordern mich», erklärte meine bald 90-jährige, verwitwete Cousine und meldete sich kürzlich bei einem geburtstäglichen Fest ab, nachdem sie erfahren hatte, dass zum Jubiläum ihrer 70-jährigen Freundin nebst deren eigenen 8 Kindern ihre 33 Enkel samt den 44 Urenkeln und 4 Ururenkel anwesend sein sollten. Die Jubilarin hatte sehr jung ihre Kinder gekriegt und die führten diese ‹Tradition› weiter.

Ich stelle mir vor, dass diese Ururgrossmutter eine ganz andere Beziehung zu ihren Nachkommen hat als wir Kleinfamiliengrosseltern. Einerseits muss es ein erhebendes Gefühl sein, wenn die ganze Sippe versammelt ist und die Oma weiss: Über die Hälfte stammen direkt und indirekt von mir und meinem Mann ab.

Grosseltern mit diesem Ausmass an verzweigten Stammbäumen sind bei uns eine Seltenheit geworden. In meiner Kindheit war eine so grosse Nachkommenschaft noch üblich. Ich als Mensch mit Gesichter-Erkennungsproblemen (Prosopagnosie) wäre in einer derartigen Familie jedoch ziemlich verloren. Ich würde knapp die eigenen Kinder erkennen. Die weiteren Angehörigen hätten für mich unvertraute Gesichter, und ich spräche sie wohl kaum auf der Strasse an, da ich sie gar nicht als Enkel oder Urenkel identifizieren könnte.

Kümmerten sich die Sippen-Ompas so intensiv um jede einzelne Person wie wir Kleinfamilienompas um unsere Enkel, würden sie nicht nur finanziell abstürzen, sondern vermutlich in einem Meer von Sorgen ertrinken.

Wahl-Grossmütter und Paten-Opas
Zu allen Zeiten lebten wohl Menschen, die ein Herz für verlassene Kinder und für Waisen hatten und sie vor noch mehr Elend zu bewahren versuchten. Heute gibts Sozialhilfe und ausserfamiliäre Kinderbetreuungsstellen, und doch wünschen sich viele Kids, deren Eltern ganztags arbeiten, einen Ompas-Ersatz. Sei es, dass die eigenen Grosseltern keine Zeit haben, zu weit weg leben, zu alt, krank oder gestorben sind.

In grösseren Ortschaften und Städten mit gut organisierten Gemeinschaftszentren ist es heute nicht unüblich, den alternativen Weg einer Vermittlung zu suchen und so die passenden Ersatzompas zu finden. Via Internet oder über Inserate können Eltern ältere Menschen kennen lernen, die gerne Kinder betreuen würden – vielleicht, weil sie selber keine haben. Ein solches Engagement geht weit über das einer Tagesmutter hinaus. Es ist unentgeltlich und erstreckt sich auch in die Freizeit. Viele dieser freiwilligen Wahl-Ompas sind wirklich patent, finden Familienanschluss und fühlen sich rasch den Familien ihrer Wahl-Enkelkinder zugehörig. Sie holen Mädchen und Buben aus der Schule ab, machen Hausaufgaben mit ihnen, begleiten sie in die Musik- oder Ballettstunden, kochen für sie, und das oft mehrere Tage die Woche.

Dabei haben jedoch gewisse ungeschriebene Verhaltensregeln zu gelten: Eltern haben genau hinzusehen, wer und weshalb jemand Grosseltern-Ersatz sein will. Sind die sozialen Ompas vertrauenswürdig, können sie zur Entwicklung der Kinder ebenso viel beitragen wie die biologischen.

Neuerdings suchen eine Anzahl Schulen rüstige Senioren und Seniorinnen als ‹**Schul-Grosseltern**›. Männer und Frauen, die sich neu an dieser Form der Unterstützung von Lehrperson und Kindern beteiligen, sollen von ihrer generationenübergreifenden Arbeit in einer Klasse genauso begeistert sein wie die Schüler und Schülerinnen. Wer gerne mit Kindern arbeitet, bereit ist, zwei bis vier Wochenstunden in der Schule zu sein und vor einer Klasse zu stehen, um eigene Lebenserfahrungen weiterzugeben, findet hier eine sinnvolle Aufgabe.

Wenn ältere Menschen eigene Enkel oder fremde Kinder freiwillig betreuen, liegen ihre Stärken meist darin, dass sie manches relativieren können, zu einer gewissen emotionalen Distanz fähig sind – nicht zu verwechseln mit Gleichgültigkeit – und oft mehr Toleranz und Geduld aufweisen. Alles Eigenschaften, die bei Kindern in Schule und Elternhaus gut ankommen und darüber hinaus das Verständnis zwischen den Generationen fördern.

Wo Ompas den Eltern voraus sind

«Wie bitte?», werden bei diesem Satz die meisten Mütter und Väter unter den Lesenden denken. «Grosseltern sind uns irgendwo voraus? Klar, sie verwöhnen und verziehen unsere Lieblinge nach Strich und Faden, und wir haben dann wieder das Nachsehen!»

So einfach ist es aber nicht. Abgesehen davon, dass das Klischee der Verwöhnung heute auch auf viele Eltern zutrifft. Doch keine Bange, es geht weder um Konkurrenz noch um die Zwietracht säende Frage: Wer machts besser? Oder noch schlimmer: Wen haben die Kinder lieber?

Für ihre Kinder sind und bleiben Mutter und Vater hoffentlich die Grössten, Liebsten, alles Könnenden und Besten. Allerspätestens bis zur Vorpubertät. So sollte es wenigstens sein.

In der Regel lieben Grosseltern ihre Enkel über alles und die haben ihre Ompas ebenfalls gern. Nur geht es hier überhaupt nicht darum, die Liebe der Kinder auf welche Art auch immer den Eltern wegzuschnappen. Wer das versucht, entlarvt sich als unreife und selbstsüchtige Person.

Auch gemäss wissenschaftlichen Untersuchungen waren der Zusammenhalt und das Verhältnis zwischen Enkel-, Eltern- und Grosselterngeneration kaum je so gut wie heute. In vielen Familien herrscht ein betont freundschaftlicher und offener Diskurs und die Ompas nehmen in diesem Dreiecksverhältnis eine wichtige Funktion ein. Nach Feststellung eines 16-Jährigen sind (laut Boldern-Bericht, 6, 2010) Grosseltern für ihn:

1. Notanlaufstelle
2. Taschengeldquelle
3. Verwöhn-Aroma
4. Geschenk-Bazar
5. Vertrauenstypen
6. Veteranen mit Erfahrung

Verwöhnen und Schenken stehen also keineswegs an erster Stelle.

Doch nehmen wir einmal die Ompas als Notanlaufstellen und Vertrauenstypen unter die Lupe.

Notanlaufstellen und Vertrauenstypen?

«Ohne meine Grosseltern möchte ich nicht leben, weil sie so lieb zu mir sind. Grosseltern sind manchmal wichtiger als Eltern. Sie überlegen vorher länger, ehe sie einen ausschimpfen.»

Das behauptet ein zehnjähriges Mädchen.

Natürlich sind Grosseltern nicht wichtiger als Eltern. Zwar könnte man es fast glauben, liest man die obige Aussage, und in gewisser Weise möchte ich aus eigener, vor allem aber aus Erfahrung anderer bestätigen, dass Grosseltern häufig geduldiger und einfühlsamer sind; Veteranen mit Erfahrung eben, die sich nicht mehr so rasch aus dem innern Gleichgewicht werfen lassen. Zum adäquaten Elternersatz müssen sie zum Glück höchst selten werden: ausnahmsweise bei völlig überforderten oder psychisch kranken Müttern (mit und ohne Väter) oder wenn Enkel zu Halb- oder Vollwaisen werden.

Doch weder Verwöhn-Aroma noch Taschengeldquelle oder Geschenk-Bazar vermögen das emotionale Band zwischen Enkelgeneration und Ompas nachhaltig zu knüpfen. Diese Zuschreibungen bestätigen lediglich jene Klischees, welche landläufig den Grosseltern zugeschrieben werden.

Die Zuneigung vieler Kids im Flegel- oder Tussi-Alter zu ihren Grosseltern liegt vor allem in der Gewissheit, ein offenes Ohr und einen verschwiegenen Mund zu finden. Ompas haben weder ihre Enkel zu kontrollieren noch den Eltern zu berichten, was die Jugendlichen ihnen anvertrauen. Sie sind nicht nur Veteranen mit Erfahrung. Ihre eigentliche Aufgabe ist das Dasein als Notanlaufstellen und als Vertrauenstypen. Für alle Jugendlichen ist es wichtig, neben den Eltern noch weitere Bezugspersonen zu haben. Personen mit einer ausgewogeneren Balance zwischen Nähe und Distanz.

«Mein Grosi fragt mich nie, wie es in der Schule läuft. Das finde ich total cool an ihr», sagt etwa ein 12-jähriger Junge und betont so die positive Beziehung zur Grossmutter. Die wird sich kaum aus Desinteresse mit Fragen zurückhalten, sondern im Bewusstsein, dass ein positiver Kontakt zu ihrem Enkel wichtiger ist, als ihn dauernd an seine schlechten Schulleistungen zu erinnern und ihn nur über diese wahrzunehmen und zu versuchen, penetrant erzieherisch auf ihn einzuwirken. Das will sie den Lehrpersonen und Eltern überlassen. Der Junge weiss selber, ob er sich zu wenig anstrengt, kein Interesse am Lerninhalt hat oder sich überfordert fühlt. Vielleicht wird er von sich aus auf seine Schulprobleme zu sprechen kommen. Unter Druck funktioniert das ohnehin nicht, dazu braucht es eine Vertrauensbasis.

Als Angehörige des viel beschäftigten Unruhestands gelingt es unzähligen engagierten Senioren und Seniorinnen dennoch, ein Zeitfenster für ihre Enkel offen zu halten, was besonders die Teenager schätzen. Zahllose Ompas haben das bei Jugendlichen erwünschte Interesse – gepaart mit dem immer wieder erforderlichen inneren Abstand –, ohne gleichgültig zu wirken. Sie können zuhören und fallen den Kids nicht gleich mit Ratschlägen oder Vorwürfen ins Wort.

Viele vertrauen den Grosseltern ihren ersten Liebeskummer, ihre Zwistigkeiten mit den Eltern, schulischen Niederlagen und weitere Probleme an. Dazu braucht es vonseiten der ‹Oldies› Aufgeschlossenheit und echtes Interesse. Manche Jugendlichen besprechen mit ihren Ompas Dinge, von denen die Eltern nichts vernehmen, und das ist gut so – Zeichen einer intakten Beziehung zwischen den beiden Randgruppen Jugend und Alter.

Zu Vertrauenstypen werden jene, die im Laufe von Jahrzehnten ihre Ungeduld und ihr Bedürfnis nach besserwisserischer Einmischung ins Leben anderer mit echter Anteilnahme tauschten. Diese Männer und Frauen hegen weniger überzogene Ziele für den Nachwuchs als manche der ehrgeizigen Eltern. Der Leistungswahn, dem viele Mütter und Väter aus purer Existenzangst verfallen sind, gibt manchen Kindern das Gefühl, sie würden nur geliebt, wenn sie die Pläne und Forderungen ihrer Mamas und Papas erfüllten. Und dieses ständige Angetriebenwerden nach guten Noten, nach frühem Erfolg raubt heute immer mehr Mädchen und Jungs die Zeit der spielerischen Unbeschwertheit. Übertriebener elterlicher Ehrgeiz wirft gegenwärtig einen Schatten auf viele Kindheiten.

Ompas können dann zum Ausgleich, wie es unsere Enkelinnen einmal formulierten, ab und zu auch liebste Freundin und bester Freund sein.

Zeitinseln

Alle Grosseltern waren selber einmal jung, manche eingespannt in ihren Beruf, in unzählige Probleme, Beziehungskrisen, Sorgen. Schon früher konnte der Alltag mit Kindern anstrengend sein. Auch Ompas kennen die Zermürbung durch elterliche Ansprüche und den täglichen Stress. Nur war früher das allgemeine Lebenstempo weniger rasant, stressig und aufreibend.

Buben und Mädchen ins Leben zu begleiten, ist heute anspruchsvoller und Energie raubend. Aber schon als die Ompas selber frischgebackene Eltern waren, fehlte vielen ausgerechnet in der ‹Aufzuchtphase› genügend Zeit für den Nachwuchs. Selber kann ich mich nicht erinnern, je so selbstvergessen mit den eigenen Kindern gespielt zu haben wie mit den Enkelinnen. Ja, eigentlich habe ich kaum aktiv an den Spielen meiner kleinen Söhne teilgenommen. Sie konnten allerdings – abgesehen von heftigen Eifersuchtskämpfen – ausnehmend friedlich und ausdauernd gemeinsam ihre eigene Welt spielerisch inszenieren und brauchten vermutlich dazu gar keine Erwachsenen. Doch auch andernfalls, woher hätte ich als berufstätige Mutter die erforderliche Zeit und die innere Musse hernehmen sollen?

Manche Mütter und Väter leiden unter einem schlechten Zeit-Management. Dauergestresst haben sie zusehends Mühe, das Wesentliche vom weniger Wichtigen unterscheiden zu können. Zum Lebenswichtigen von Eltern und Grosseltern gehört vorrangig aber das bedingungslose Vertrauen der Söhne, der Töchter und der Enkelkinder. Um dieses zu festigen, braucht es Zeit. Doch die ist im Alltagsmarathon des modernen 24-Stunden-Tages immer mehr zur Mangelware geworden. Schon die Kleinsten werden mitgerissen im Beschleunigungsstrudel unseres Alltags. Grosseltern könnten für sie eine Art Zeitinseln, so etwas wie ein zweites Nest sein.

Können Ompas dies ihren Enkeln bieten, ist das nicht unbedingt ihr eigener Verdienst. Körperlich und besonders geistig beweglich gebliebene Senioren sind allein aufgrund ihrer Lebensdauer im Vorteil. Endlich sind sie nicht mehr fremdgesteuerte Zeit-Sklaven und dürfen sich über Konventionen hinwegsetzen. Sie müssen nicht mehr überall dabei sein. Entschleunigung ist angesagt. Freiheit des Alters bedeutet auch Befreiung vom jahrzehntelangen Eingespanntsein in den Arbeits-, Familien- und Haushalttrott.

«Mein Grossvater kann super basteln. Er hat mit mir in unserem Zwetschgenbaum ein Tarzanhaus zwischen den dicken Ästen gebaut.» Dieser Grossvater zeigte diesem Enkel vorbildlich, dass Freizeit nicht nur aus Konsumieren besteht. Er setzt sie für sich und den Jungen sinnvoll ein und fördert seinen Enkel dabei handwerklich.

Zum Glück gibt es auch noch Väter, die mit ihren Söhnen und Töchtern basteln, Fussball spielen, Velotouren unternehmen, Sport treiben oder mit ihnen im körperlichen Raufen die Kräfte messen.

In vielen Familien sind aber gerade die mehrheitlich abwesenden und überlasteten Väter froh, wenn die Grossväter an ihre Stelle treten und auf die Interessen der Jungs eingehen. Doch auch das wird heute nicht mehr so eng gesehen. Vielleicht möchte die Tochter Schlagzeug lernen und Fussball spielen, der Bub aber hat Freude an Gartenarbeit oder kocht gern.

Im Austausch mit ihren Eltern kommen leider viele Töchter und Söhne zu kurz, und wenn, findet das freizeitliche Beisammensein im Familienkreis weniger in der freien Natur, sondern hauptsächlich im Innern eines Autos statt. Nicht unbedingt der ideale Ort, um sich körperlich auszutoben.

Verständlich, dass Eltern, die nach einer strengen Arbeit erschöpft ihre Kinder aus Krippe und Hort oder auch bei den Ompas abholen, sich häufig nicht mehr aufwändig mit den kleinen und grösseren Forderungen der Nimmersatts auseinandersetzen mögen. Um den Lärmpegel tief zu halten und allfälligem Geschrei und Gezeter rechtzeitig vorzubeugen, vermeiden viele Mütter und auch Väter lieber jede Auseinandersetzung mit dem Nachwuchs. Nach dem Prinzip ‹Augen und Ohren zu und durch› erfüllen sie lieber in vorauseilendem Gehorsam aufkeimende Wünsche der Kleinen schon vor ihrer expliziten Forderung. Das ist kurzfristig der bequemste Weg zur eigenen Ruhe – aber auch der schnellste zum tyrannischen Kind.

Wer Zeit hat, ist voll bei sich, aber auch beim andern. Im Hier und Jetzt. Nach innen geerdet und doch ganz Ohr und ganz Auge. Eine Fähigkeit, die ein Grossteil der Menschen erst im Laufe des Lebens erlernt – wenn überhaupt. Nicht umsonst boomen Meditationskurse, Auszeiten in Klöstern und Pilgerreisen auf dem Jakobsweg. Je hektischer der Zeitgeist, desto stärker die Sehnsucht nach Ruhe und Innehalten, nach innerer Einkehr und ruhigen Zeitinseln.

Sich gedanklich nicht ständig mit Pendenzen, unerledigten Pflichten oder Sorgen herumzuschlagen, ist nicht eben einfach. Auch unsere Söhne erlebten oft eine Mutter, die eher einem Vulkan als einer ausgeglichenen Persönlichkeit ähnelte. Anders unsere Enkelinnen. Sosehr die Söhne meine Ausbrüche wegen beruflichem Stress und meiner Ungeduld von Zeit zu Zeit über sich ergehen lassen mussten, sowenig verliere ich bei den Enkeltöchtern die Beherrschung, werde laut oder drohe Dinge an, die ich doch nie machen würde. Und das nicht etwa, weil ich inzwischen Psychologie studiert habe oder weil die zwei Mädchen sehr jung und noch nicht so aufmüpfig sind. Im Gegenteil! Auch sie haben ihre Macken, und im Ausflippen nehmen sie es mit jedem gleichaltrigen Jungen auf. Doch nehme ich mir genug Zeit für mich selbst, wirkt sich das auch positiv auf meinen Umgang mit ihnen und mit andern Menschen aus.

Unter ‹Zeit haben für die Kinder› verstehe ich keineswegs eine lange zeitliche Präsenz, sondern vielmehr den gefüllten Moment, die volle gedankliche und emotionale Anwesenheit in der Gegenwart, im Augenblick. Echte Teilnahme an der kindlichen Weltsicht. Das bedeutet: Ernstnehmen ihrer Ängste, Fantasien und Freuden. Dazu gehört aber auch, der kindlichen Wut und momentanen Frustreaktion, wenn mal ihr «Ich will aber jeeeetzt!» verweigert wird, in aller Ruhe standzuhalten, sogar wenn sich der kindliche Zorn gegen die «böse, böse Grossmama» oder die «Mami, ich hab dich nicht mehr lieb» richtet.

Geduld und Musse – den Subito-Kindern standhalten

Neben Zeit haben gehört der Zuwachs an Geduld und Musse eindeutig zu den positiven Privilegien des Alters. Wenn der Volksmund sagt, Grosseltern dürften ihre Enkel verwöhnen, Erziehung sei Sache der Eltern, stimmt dies bis zu einem gewissen Grad. Verwöhnung, ein Vorrecht von Ompas? Jein.

Häufig gilt eher das Gegenteil: Grosseltern bilden verantwortungsbewusst ein Korrektiv zu jenen Müttern und Vätern, die in jeder Hinsicht kein Mass mehr kennen, weil sie der geringsten Einschränkung der kindlichen Selbstbestimmung misstrauen. Es ist aber eine Binsenwahrheit: Wer immer im Grenzenlosen lebt, lernt nicht, mit Freiheit umzugehen.

Viele Eltern verwöhnen, vergolden und vergöttern ihre kleinen genialen und auch kognitiv gepushten Mädchen und Jungs bis zum Gehtnichtmehr. Für Lernprogramme, modische Kleider und natürlich auch für das allerneuste Spielzeug geben sie ein Vermögen aus. Kinderzimmer quellen über, die Kleinen wähnen sich im Schlaraffenland. Mit dem Erpressungsritual «Ich will dies und jenes, und zwar jetzt, sonst mach ich was kaputt» – unterstützt von passender Körperdynamik und akustischer Lautmalerei – löst das tyrannische Kind auch den mütterlichen Subito-Reflex aus. Jede unverzügliche Belohnung konditioniert und bestärkt nämlich die Kleinen in der Kunst, Eltern zu manipulieren. Gelernt ist gelernt, und die unersättlichen Nervensägen sind schlau. Schon nach dem fünften Mal ist das Verhalten eingespielt. Von Zeit zu Zeit verstärken die angehenden Konsumfreaks noch den körperlichen und akustischen Einsatz.

«Ja, meine Süsse, mein Liebling, natürlich kriegst du dies und das und auch noch jenes, nur sei bitte still, hör auf zu schreien, es bricht mir sonst das Herz...» Nicht, dass Eltern diese Gefühle wörtlich äussern, sie strahlen aber ihre Emotionen aus, und die feinen Antennen der Buben und Mädchen erfassen alles Unterschwellige und reagieren entsprechend darauf.

Dauernd nachgebende Mütter und Väter werden schlussendlich zu Marionetten ihrer Nachkommen. Sind sich Eltern dessen bewusst, ist es aber oft zu spät und sie brauchen Hilfe von Fachkräften, weil ihre ‹Süssen› total überborden.

Selbstverständlich halte ich nichts von veralteten Erziehungsprinzipien. Kinderwünsche – sofern sie nicht einer momentanen Laune entspringen oder realitätsfern, finanziell überstiegen und unerfüllbar sind – sollen so weit wie möglich auch berücksichtigt und erfüllt werden. Nur nicht immer augenblicklich, ohne den geringsten zeitlichen Aufschub, sondern mit Bedachtsamkeit.

Ist dem Vorschulkind zum Beispiel grad jetzt aus dem Stand heraus zum Malen zumute, darf es das auch tun, aber erst, wenn die unzähligen chaotisch herumliegenden Kuscheltiere, Bauklötze, Legosteine, Bilderbücher, Autos, Zeitschriften, Eisenbahnschienen, Wagen und und... weggeräumt sind. Mit Omas oder Opas Hilfe eigentlich kein Problem. Verweigern die Kids aber lauthals jede Mithilfe, gibts halt keine Malutensilien. Es ist einfach zu wenig Platz vorhanden – im Grund ganz einleuchtend. Ohne Erheben der Stimme, ohne Ärger.

Das Kind hat selber die Wahl. Durch den kurzen Aufschub und ihren aktiven Einbezug beim Versorgen der Spielsachen wird die Genialität und Kreativität der kleinen Künstlerinnen und Kunstmaler weder geschmälert noch versiegt sie.

Normal ist, dass Kinder sich nicht begeistert aufs Aufräumen stürzen und es erst mal auf die bequemere Tour versuchen. Ein angeborener Mechanismus, auf sich aufmerksam zu machen, aber auch, um Erwachsene zu testen. Und als würde ein Schalter gedreht, wird aus einem niedlichen Kleinen eine gehörschädigende Heulmaschine.

Wie reagieren im besagten Fall die Ompas? Geben sie wie eine Unzahl ‹Mapis› klein bei und räumen auf, während das Kind befriedigt auf einem Karton oder sogar an der Zimmerwand herumschmiert und sich seiner Allmacht bewusst wird?

Ganz ehrlich, ich habe schon mehrmals den ganzen Krempel allein oder mit Adeles Hilfe versorgt, wenn Sofia keinen Bock drauf hatte. Sie ist ja auch fast zwei Jahre jünger.

Meinem Mann und mir ergeht es wie allen, die sich mit jüngeren Enkelkindern abgeben. Nicht immer, aber immer besser gelingt es uns, die Widerstände mit innerer Distanz, Humor und unaufgeregt zu parieren. Wir haben ja auch mehr räumlichen Abstand – die Mädchen sind nicht täglich und nachts bei uns –, dadurch sollten wir auch weniger erpressbar sein. Das erleichtert den Umgang in Krisensituationen, die sich ergeben, wenn aus einem Kind, das mit dem Kopf durch die Wand will, ein brüllendes, sich auf den Boden werfendes Mönsterchen wird.

Schon sehr früh erkennen sich Kinder im Spiegel und beginnen, ihre persönliche Identität zu entwickeln. Sie erleben sich als individuelles Ich, als Person mit eigenem Willen, als jemand, der mit Trotz etwas bewirken kann. Das ist gut, es stärkt ihr Selbstbewusstsein. Warten können, sogar mal verzichten, muss aber nach und nach ebenfalls und oftmals über längere Zeit gelernt werden.

Bezugspersonen müssen sich dabei stets bewusst sein, dass jedes Kind ein individuelles Temperament hat, sozusagen ein Unikat ist. Es gibt Jungs und Mädchen, die von sich aus zurückstehen, schüchtern, gehemmt und wenig durchsetzungsfähig sind. Diese Kinder müssen in ihrer Selbstbehauptung gefördert und im Durchsetzen ihrer Bedürfnisse unterstützt werden.

Viel mehr Kinder jedoch haben diesbezüglich gegenteilige Probleme. Wird von ihnen mal verlangt zu warten, bis Mami, Papi oder Tante Zeit haben, leiden sie darunter, nicht im Zentrum der Aufmerksamkeit zu stehen, und rasten total aus. Als Opfer ihrer Veranlagung oder ihrer butterherzigen Eltern ertragen sie buchstäblich kaum, nicht ständig Mittelpunkt der Erwachsenen zu sein. Und ihre Eltern mit den Herzen aus Wachs leiden noch stärker, wenn sie wagen, die Befehle der Söhne oder Töchter zu missachten.

Genau wie den verwöhnten Mini-Diktatoren der von ihnen auf ‹Subito› konditionierte Elterngehorsam zur Gewohnheit wurde, ist es möglich, Kinder auch an mehr Bedürfnisaufschub zu gewöhnen. Bezugspersonen mit einem schwachen Nervenkostüm fällt die Einübung im Standhalten der kleinen Querulanten, die zuletzt mit Haue reagieren oder untröstlich wirken, ungemein schwer. Sie empfinden jeden noch so zaghaften eigenen Durchsetzungsversuch als Repression und seelische Kindsmisshandlung. Einer derart unbelastbaren Person gelingt es denn auch nicht, sachlich und ruhig zu bleiben, ohne sich wieder und wieder erpressen zu lassen.

Weinende und ausflippende Mädchen und Jungen sind für alle, die Kinder mögen, über längere Zeit nur schwer zu ertragen. Und häufig dauern die Anfälle ziemlich lang, denn das Gezeter wird in der Regel belohnt.

Kinder müssen natürlich auch die innere Gewissheit bekommen, dass sie weder durch spezielle kognitive Leistungen noch durch den Besitz von materiellen Dingen, von Mode- und Labelzeugs bei ihren Eltern und Ompas aufgewertet werden. Eine tragfähige Vertrauensbasis zu bilden, ist eine primäre Aufgabe der Familie, denn unter Gleichaltrigen in Kindergarten und Schule gelten bald andere Wertmassstäbe. Bei einer Vielzahl von Bezugspersonen leider auch. Wir sind alle Teil dieser weitgehend am Oberflächlichen orientierten Gesellschaft mit ihrer Überbewertung von Modischem, Spass und Zerstreuung. Immer Neues. Immer Schrägeres. Je schneller sich das Trendkarussell dreht, umso stärker der Wunsch, aufzuspringen.

Nicht subito und alles zugleich! Das müssen die Buben und Mädchen erst mal lernen. Nebst Aufgabe der Eltern ist es weitgehend jene der Grosseltern, das Tempo der jungen Wilden hie und da zu drosseln. Ompas können den Heranwachsenden schon früh bewusst machen, wie wichtig, lieb und wertvoll sie ihnen als Person sind: egal, ob gescheit, weniger schlau, ob mehr oder minder hübsch, pflegeleicht oder problematisch.

Wenn nicht alles, was die Wunschfee den Buben und Mädchen einflüstert, unverzüglich eintrifft, verlängert sich die Vorfreude. Warten können ist Teil der sozialen Kompetenz. Einigen fällt dies leichter, andere explodieren augenblicklich. Manche Charaktereigenschaften sind angeboren und eher genetisch bedingt. Durch Erziehung können sie verstärkt oder gemässigt werden. Doch ob Eltern oder Grosseltern: Wer selber oft ausrastet und Kinder lautstark beschimpft, hilft ihnen nicht. Verschüchterte fügen sich aus Angst. Andere werden aggressiv oder verlogen. Und beides ist verheerend.

Grosseltern verbinden Vergangenes mit dem Heute

«Ein (...) wichtiger Unterschied zu den Eltern dürfte sein, dass Grosseltern die Frage nach der eigenen Herkunft beantworten, nach dem persönlichen Hintergrund, der Familiengeschichte. Sie geben ein Wissen weiter, das exklusiven Charakter beanspruchen kann, da es nirgendwo sonst erhältlich ist. Sie wissen Geschichten über die eigenen Eltern zu erzählen, die man von diesen vermutlich nie erfahren würde.» (Rolf Oerter, Vortrag: Grosseltern zwischen Innovation und Tradition)

«Meine Grosseltern stellen für mich die Tradition unserer Familie dar. Sie kommen aus ganz alter Zeit. Damals ging es den Menschen noch lange nicht so gut wie heute», sagt ein 15-Jähriger.

Dieser Enkel trifft einen zentralen Punkt: die Vermittlung und Weitergabe von Erfahrungen, Traditionen und Werten, eine ganz wichtige Aufgabe der Altvorderen, die vor allem in unserer Zeit der Orientierungslosigkeit eine neue Bedeutung gewonnen hat.

Tradiertes verbindet die Kultur unserer Ahnen mit der Gegenwart. Mädchen und Jungs erhalten dank ihren Grosseltern Einblicke in eine Zeit, die für sie fremd ist, beinahe wie für uns das Mittelalter.

Alte Ompas sind immer öfters die einzigen noch lebenden Verbindungsglieder zu früher, und sie sollten die ihnen verbliebene Lebenszeit auch nutzen, ihren älteren Enkeln und Enkelinnen den Blick auf die eigene Lebensgeschichte, aber auch auf die historischen Entwicklungen der letzten 50 Jahre zu vermitteln.

Wenn sie den Heranwachsenden aus ihrer eigenen Jugend erzählen, leisten sie einen wichtigen Beitrag als Zeitzeugen, sofern sie die Vergangenheit nicht blind verklären, sich um

Objektivität bemühen und zeigen, dass sie die Gegenwart, in der die Jugendlichen aufwachsen, nicht vorwiegend schlecht finden. Die meisten Enkel interessieren sich im Schulalter für die Biografien ihrer Ompas. Wer versteht, Vergangenes mit Gegenwärtigem erzählend zu verknüpfen, kann grössere Zusammenhänge aufzeigen.

Fremde Epochen und vergangene Anschauungen werden schon durch eine minimale Kenntnis verflossener Lebensformen und Wertehaltungen verständlicher, und wer Zugang zu seinen kulturellen und religiösen Wurzeln hat, steht auch fremden Kulturen aufgeschlossener gegenüber, er fühlt sich sicherer und besser geerdet in der eigenen Kultur.

Grosseltern und im Geist jung gebliebene Urgrosseltern, die einen guten Draht zu Kindern und Jugendlichen haben, kann es sogar gelingen, ihre Nachkommen zeitweilig von ihren Spielkonsolen und i-Phones aus der Cyber-Welt wegzulocken – mit der ausführlichen Schilderung früherer Zeiten sowie mit Erlebnissen aus ihrer Kindheit. (Ich persönlich verbrachte sie zum Beispiel während des Zweiten Weltkriegs, einer Zeit, die auch den Menschen mittleren Alters kaum mehr bekannt ist.)

Lehrreich für die heutige Schlaraffenjugend ist, wenigstens zu erfahren, dass ein Teil ihrer Grosseltern unter ganz anderen Bedingungen aufwachsen musste. Dass es auch in der Schweiz magere Zeiten gab, Spielzeug und Klamotten rar waren, nicht jede Familie Telefon, Kühlschrank, Bad und Radio besass. Dass in einer noch gar nicht so lang zurückliegenden Epoche Laptops, Internet, Handys, Events, Musicstars, Partys und Castings unbekannt waren. Ja, dass sogar ein Leben ohne Dauergelaber am Handy, ohne Shopping und Fun kein total beschissenes, mega uncooles Leben sein musste. Noch vor drei Jahrzehnten wären übrigens diese und andere englische Begriffe in der deutschen Sprache absolut ein No-go gewesen.

Je länger das Leben, desto reicher, aber unübersichtlicher wird die Fülle der persönlichen und geschichtlichen Erfahrungen. Schöne Ereignisse wechseln mit traurigen, Enttäuschungen mit Erfolgen, auf Höhenflüge folgt Ernüchterung. Jeder Mensch hat eine Reihe wertvoller Erkenntnisse. Es ist darum wichtig, die Quintessenz dieser sonst verlorenen Biografien einer vergangenen Zeit an die Nachkommen weiterzugeben. An Kinder und Jugendliche, die unter total veränderten Bedingungen aufwachsen und sich vor lauter Mobilität oft nirgends verwurzeln können. Einzelne regen ‹Ompas Geschichten, die das Leben schrieb› zum Nachdenken an, für andere sind sie tröstlich und hilfreich zur eigenen Daseinsbewältigung. Leben heisst ja auch, Ahnen haben. Grosseltern dürfen sich allerdings nicht vor allem darauf beschränken, Familiengeschichten zu erzählen.

Um bei den Jugendlichen überhaupt Gehör zu finden, darf das Erzählte auch nicht im säuerlich anklagenden Unterton gegen die heutige Gesellschaft daherkommen. Vielmehr als persönliche, aber sachliche Information. Omas und Opas sind überdies ebenso geeignet wie manche Historiker und Kinderphilosophen, ohne Scheuklappen ehrlich auf die unbefangenen Fragen der jungen Generation nach dem Woher und Wohin unseres Daseins, nach Gott, dem Sinn des Lebens, nach Recht und Unrecht und weiteren existenziellen Fragen einzugehen.

Es ist jedoch ein Irrtum zu glauben, wir müssten Kindern und Jugendlichen alles beweisen können. Sie akzeptieren durchaus unvollkommene Antworten und schätzen Erwachsene, die zugeben können, auf vieles keine gültigen Antworten zu haben. Eltern sollten natürlich auch hier die oberste Instanz sein. Besonders für Jüngere. In der Pubertät dagegen sind Ompas und Mentoren ausserhalb der Kernfamilie zeitweise gefragter.

Was die religiöse Erziehung betrifft, müsste allen Kindern und Jugendlichen vermittelt werden, dass sich Glaube nicht beweisen lässt und nur auf persönlicher Erfahrung beruht, dass aber die Gewissheit, von Gott oder einem höheren Wesen, zum Beispiel einem Schutzengel, nicht verlassen zu werden, bei Schicksalsschlägen eine echte und spürbare Hilfe sein kann.

Auch Eltern und Grosseltern mit atheistischer Weltanschauung sollten die Grösse haben, auf religiöse Inhalte wenigstens hinzuweisen und ihrem Nachwuchs zu erklären, dass es viele Menschen gibt, die an einen Schöpfer von Welt und Universum glauben und die in ihrem jeweiligen Glauben Halt finden. Um sich später einmal selbständig für oder gegen eine Konfession oder Religionszugehörigkeit entscheiden zu können, haben Kinder das Recht, wenigstens deren Grundlagen zu kennen.

Heiteres und Ernstes

Der Wechsel der Jahreszeiten, wiederkehrende religiöse und regionale Feste strukturieren den Alltag und lassen uns teilhaben am Rhythmus der Natur, in dem Werden und Vergehen einem gesetzmässigen Wechsel unterliegen.

Rhythmus ist also nicht nur für die motorisch-musikalische Entwicklung von Bedeutung.

Ein geregelter Wechsel von Spannung und Entspannung, Ernst und Frohsinn, von Konzentration und geistiger Erholung verhilft zu innerem Gleichgewicht und Wohlbefinden.

Auch Buben und Mädchen entwickeln sich am besten in einem rhythmisierten Alltag. Strukturen ermöglichen ihnen das Hineinwachsen in eine räumliche, zeitliche und später eine biografische Orientierung. Das bewusste Erleben von Frühling, Sommer, Herbst und Winter, die Abfolge der Monate, Wochen und Tage, der immer regelmässige Wechsel von Helligkeit und Dunkel sowie die jährliche Wiederkehr von Festen wie Geburts- und Chlaustag, ‹Guetzlibacken›, Weihnachten, Fastnacht, der ‹Räbeliechtli-Umzug› und andere regionale Bräuche sind Glanzlichter, die den Alltag überstrahlen, aus dem gewohnten Ablauf herausstechen und durch ihren Rhythmus ein zeitliches Kontinuum aufzeigen. An ihnen orientieren sich später einmal unsere Erinnerungen, die ohne dieses Koordinatensystem in der Rückschau viel schwerer einzuordnen wären.

Auch bei unsern Enkeln haften die ersten Erinnerungen an emotional besondere Ereignisse wie Geburtstagsfeste, im Zelt übernachten, die Fastnacht in der Schule etc. Und wir Grosseltern erinnern uns an die Taufe, den ersten Geburtstag, den ersten Spitalaufenthalt, an die ersten Schritte unserer Enkel oder an besonders drollige Aussprüche. Doch nur eine sehr begrenzte Auswahl von Erst- oder Einmaligem dient der Erinnerung als zeitliche Gedächtnismarker.

Besondere Höhepunkte sind auch für unsere Enkelinnen die Advents- und Weihnachtszeit und natürlich alle Geburtstage. Sofia hat insofern etwas Pech und gleichzeitig eine Sonderstellung, weil sie kurz vor Weihnachten auf die Welt kam, quasi mit dem Schneemann und dem Christkind. Adele dagegen wird Ende März von den ersten Blumen und Schmetterlingen begrüsst.

Weihnachten feiern die Mädels in ihrer Familie mit den drei Ompas und den in der Schweiz lebenden Geschwistern der Eltern.

Neben den jährlich wiederkehrenden Festen erleben aber auch behütete Kinder Verlustängste und erste Erfahrungen mit dem

Tod. Nahe ging unseren Enkelkindern das gewaltsame Ende einer der vier Katzen. Der Täter? Ein Fuchs? Ein Hund? Niemand weiss es.

Inzwischen sind auch schon Menschen gestorben, die ihnen bekannt waren, und sie haben beide begriffen, dass Vergänglichkeit ein Teil des Lebens ist und der Tod etwas Absolutes. Immer und immer wieder wollten sie hören, warum und wie eine Frau, die sie kannten, gestorben ist.

Dass Lieblingstiere gefressen oder angegriffen werden und sterben, Menschen einfach verschwinden, weil sie tot sind, diese Erfahrung weckt latent vorhandene Verlustängste. Als wir neulich die Kindseltern von der Bahn abholen wollten und sie verpassten, fürchteten die Mädchen, sie kämen nicht mehr, ja, sie seien vielleicht mit dem Auto unterwegs und verunglückt. Auch als Grossmutter Meme wegen geschlossener Flughäfen im sogenannten Jahrhundert-Dezember 2010 zwei Tage später aus dem deutschen Schneechaos zurückkehrte, war die Angst da, sie nie mehr zu sehen.

Kaum Kinder, denen Todesfälle naher Angehöriger oder Freunde erspart bleiben. Und leider gibt es vermutlich mehr unbehauste Kinder auf der Welt, welche Grauen und Schrecken von Krieg und Hunger, Naturkatastrophen und den Tod von Eltern und Verwandten hautnah erleben. Selbst in unserer Gesellschaft werden Mädchen und Buben missbraucht, gedemütigt und gequält.

Immer wieder neu wird mir bewusst, wie relativ unbeschwert unsere Enkelkinder in ihrem nahen und weiteren Umfeld aufwachsen, wie gut wir alle es haben, die wir ohne unser Verdienst in einem unversehrten Land leben dürfen. Das verpflichtet. Auch zu dem, was wir unsern Enkeln an Werten und an Empathie und Verantwortung für andere weitergeben.

Das Verhältnis kleiner Kinder zum Tod ist meist unkomplizierter, als Erwachsene denken. Vielleicht sind sie nicht nur dem Ursprung des Werdens, der Geburt, näher, sondern haben auch ein intuitives Wissen davon, dass alles zu seinem Ursprung, ob wir den nun ‹Gott› oder anders nennen, zurückkehrt.

Vor dem Einschlafen zeigt sich häufig, wie viele Fragen über Tiere und Menschen, das Woher und Wohin, über Tod, Leben, Gut und Böse, Gott und Engel die kleinen Köpfe beschäftigen.

Grosseltern haben Zeit. Wenn sie am Bett ihrer Enkel sitzen, können sie auf die vielen Fragen eingehen und nach einer Antwort suchen, welche kleine Kinder verstehen. Sie brauchen keine Relativitätstheorie. Ihnen genügt zu hören, dass Gott die Welt geschaffen hat, oder dass die Toten bei Gott sind. Genauere Hinweise können wir nicht geben, weil auch wir sie nicht kennen.

Der Pfarrer und Schriftsteller Andreas Urweider erzählte einmal, wie seine kleine Tochter ihn fragte, was denn mit uns nach dem Tod geschehe. Er antwortete: «Ich möchte dich nicht anlügen. Niemand weiss es, auch ich nicht.»

Darauf sagte die Kleine trocken: «Wir werden es dann ja sehen.»

Ompas und die Vielfalt moderner Lebensstile

Kurzer Blick zurück

Viele Menschen haben die Vorstellung, in vergangenen Jahrhunderten hätten fast überall drei Generationen unter einem Dach gehaust, manche relativ einträchtig in einer bürgerlich geprägten, meist städtischen Familie, andere unter der Fuchtel einer strengen Grossmutter auf einem abgelegenen Bauernhof wie in Gotthelfs Roman ‹Anne Bäbi Jowäger›. Doch die Wirklichkeit entsprach keineswegs diesem Bild.

In weniger Familien, als noch vor kurzem angenommen, lebten drei Generationen im selben Haus. Viele Grosseltern sahen ihre Enkel sehr selten oder nie. Die eigenen Kinder verliessen oft jung das elterliche Heim und verdienten ihr Brot irgendwo. Und Grosseltern starben, ohne ihre Enkelkinder kennen gelernt zu haben.

Der Begriff ‹Grosseltern› taucht erstmals im 16. Jahrhundert auf als Bezeichnung für ‹alte Eltern›. Doch der Unterschied zwischen Grosseltern und Eltern war wegen des geringen Altersabstands sehr verwischt.

Ein Beispiel: Im Jahr 1685 bekommt die 47-jährige Radmeisterin Maria Elisabeth Stampferin aus der Steiermark ihr sechzehntes Kind. Sie hat bereits neun Enkel. Niemand erwartet, dass sie sich um diese kümmert.

Zu jener Zeit nehmen Eltern aber ihre Rolle sehr ernst und unterstützen auch noch ihre erwachsenen Kinder, lassen im Todesfall des Schwiegersohns die Tochter samt Enkeln bei sich wohnen. Bis sie sich wieder verheiratet.

Erst im 18. Jahrhundert erhält die Grosselternschaft ihre Funktion als eigener Lebensabschnitt. Die Menschen heiraten immer früher und im bürgerlichen Beamtentum wird der Ruhestand eingeführt. Die Gesellschaft entdeckt die Kindheit als prägende Zeit und entwickelt Regeln für das Zusammenleben der Kernfamilie, die zum Ideal wird. Die alten Eltern verlieren ihre Macht und als Ersatz dürfen sie sich um die Enkel sorgen, ohne sich in die eigentliche Erziehung einzumischen.

Zu Beginn des 19. Jahrhunderts verliert der Grossvater seinen Status als Respektsperson an den Vater. Der gilt als streng und distanziert und sowohl die Wärme spendende fromme Grossmutter wie auch der Opa werden zunehmend als altmodisch und pädagogisch inkompetent empfunden.

Institutionen wie Kirche und Staat gaben den Wertekanon an, und in den meisten Familien herrschte der gleiche Geist: Fleiss, Disziplin und Gehorsam. Auf diese Dreieinigkeit wurden die Kinder schon früh eingeschworen. Rechtlos, wie sie vor dem Gesetz waren, konnten sie bedenkenlos auch körperlich gezüchtigt werden. Positive Ausnahmen gabs selbstverständlich, wie überall in den Familien der letzten zweihundert Jahre, auch.

Heute ist dieses Familienmodell zum Glück überholt. Und die ursprünglich relativ beständige Kernfamilie Vater-Mutter-Kinder ist ebenfalls im Wandel begriffen. Statt fest am ‹Bis-der-Tod-euch-scheidet-Prinzip› festzuhalten, bevorzugen immer mehr Paare wechselnde Beziehungen und Lebensabschnittspartnerschaften, und immer mehr Kinder und Jugendliche haben sich an verschiedene Stiefgeschwister, Ersatzeltern und neue Ompas zu gewöhnen. So kommt es, dass bald jede Familie eine individuell geprägte, oft sehr verzwickte und eigene Geschichte, ihren sogenannten Familien-Mythos besitzt.

Und erstmals in der Geschichte befasst sich die Forschung mit der Stellung der Grosseltern und der Beziehung zwischen Ompas und Enkeln und hat dabei Überraschendes festgestellt.

Noch nie waren sich Enkel und Ompas so nah

Im Jahr 1900 hatte jedes vierte Kind in der Schweiz keine Grosseltern, heute hat es im selben Alter noch drei. Zudem konzentriert sich die Zuwendung der Ompas auf immer weniger Kinder, oft ist es nur ein einziges. Auch zwischen Eltern und ihren erwachsenen Kindern ist die Beziehung offener, freundschaftlicher und ungetrübter als noch vor vierzig Jahren.

Die Nähe zwischen Enkel und Grosseltern ist intensiver als je zuvor, weil man sich besser und viel länger kennt. Das liegt zu einem grossen Teil an der hohen Lebenserwartung heutiger Senioren und an ihrem guten Gesundheitszustand. Im Durchschnitt wird eine Schweizerin mit 53 Jahren Grossmutter, also im besten Alter.

Neuerdings werden die ‹neuen Alten› auch wissenschaftlich erforscht. Das Magazin GEO 02/09 zitiert jüngste soziologische Untersuchungen über die Bedeutung heutiger Grossmütter und -väter. Psychologen und Pädagogen wollen herausfinden, wie Ompas ihre Enkel prägen. Umgekehrt wollen sie auch ergründen, was der Kontakt zu den Grosskindern für ältere Menschen bedeutet.

Fest steht: Niemals zuvor haben Ompas im Leben ihrer Enkel eine grössere Rolle gespielt als heute. Überrascht hat die Untersuchenden auch, wie stark und tragfähig die Bande zwischen den Generationen sind. «Und diese Intimität wächst. Der wichtigste Grund dafür steht paradoxerweise eher im Verdacht, dem Generationenverhältnis zu schaden: der demografische Wandel. Die Chancen für eine lange gemeinsame

Lebenszeit sind grösser denn je – und damit die Möglichkeit, überhaupt eine emotionale Beziehung aufzubauen» (GEO, 02/09, S. 116).

«In England befragten Forscher Kinder, wer ihre Ansprechpartner sind, wenn sie mit den Eltern gestritten haben, wenn sich Eltern trennen oder andere gravierende Probleme auftreten. Erstaunlicherweise nannten die meisten Kinder nicht Freundinnen und Freunde, sondern ihre Grosseltern», sagt Pasqualina Perrig-Chiella, Professorin für Entwicklungspsychologie und Generationenbeziehungen an der Universität Bern.

Auch trennen höchstens Strassen und keine Gräben mehr die Generationen, wie andere Studien glauben machen können, die eher das Ende des Generationenvertrags heraufbeschwören möchten. (Krieg der Generationen, Ende der AHV, Sinken der Arbeitslosenentschädigung, unbezahlbar hohe Krankenkassenbeiträge etc.)

«Etwa acht Prozent aller Dreigenerationen-Familien leben unter gemeinsamem Dach (zur Hälfte in getrennten Wohnungen). Ein Drittel wohnt im selben Ort, oft in unmittelbarer Nachbarschaft. Nur bei einem Fünftel der Grosseltern beträgt die Distanz zum nächsten Enkelkind mehr als eine Stunde Fahrzeit.» (Zur letzten Kategorie zählen mein Mann und ich. Als Ausgleich dafür lebt Meme in der Dachwohnung im gleichen Haus.)

Im Vergleich zu gemeinsamen Haushalten seien die Beziehungen innerhalb einer Stadt auch sehr intensiv – nur weniger konfliktreich. Sobald eine Strasse, ein Haus, ein Hof oder nur schon eine abschliessbare Wohnungstür die Generationen trennt, wird der Umgang miteinander erleichtert. Das leuchtet unmittelbar ein. Walter Bien, der Leiter dieser Studie, sagt: «Das Verhältnis ist viel entspannter, wenn Alt und Jung unabhängiger sind.» Eigentlich klar.

Überrascht hat ihn aber, dass innerhalb einer räumlichen Entfernung bis zu drei Stunden Wegzeit das Ausmass gegenseitiger Hilfe nicht beeinträchtigt wird. «Enkel und Grosseltern sind in der Regel füreinander da. Darauf kann man sich verlassen, selbst wenn man sich nicht so oft sieht.»

Wir kennen Ompas, die hüten mal in Paris, kurz darauf sogar in Singapur die Kinder ihrer beiden Töchter. Eltern und Schwiegereltern sind gegenwärtig gern gesehen als Babysitter und Haushalthilfen, oft vom ersten Neugeborenenschrei an. Und Familien mit der begehrten innerfamiliären Hilfe werden von den diesbezüglich leer ausgegangenen beneidet.

Laut Studienresultat meint Bien, die Beziehungen zwischen Enkeln und Grosseltern seien meist deutlich intensiver als zwischen Geschwistern. Dazu kann ich mich nicht äussern, da ich in diesem Punkt zu wenige Familien kenne, die das bezeugen. Sehr wohl würde ich aber sofort das Resultat unterstreichen: «Für alte Menschen gehören die Beziehungen zu ihren Kindern und Enkeln zu den wichtigsten von allen.»

In der persönlichen Umfrage vieler Enkel rangieren die Alten erstaunlicherweise ebenfalls auf den vorderen Plätzen. Eine deutsche Untersuchung ergab, «dass ein Viertel der Befragten erklärten, ihre Grosseltern hätten die persönliche Entwicklung besonders stark beeinflusst». Damit kommen diese gleich nach Mutter, Vater – und noch deutlich vor Freunden, Brüdern und Schwestern. «Man kann sich vom Partner trennen, nicht von Kindern und Enkeln», erklärt Bien. «Das stärkt deren Bindungen.»

Ein Blick auf den Rang der Beliebtheit zeigt in der Regel:
1. Grossmutter mütterlicherseits
2. Grossmutter väterlicherseits
3. Vater der Mutter
4. Vater des Vaters

Bis ins Alter von Stimmbruch und Zickigkeit bestimmen die Eltern weitgehend Zeitpunkt und Dauer für den Sonntagsbesuch, die Ferien und die Anwesenheit der Grosseltern. Ältere Enkel dagegen verfügen bald selber über ihre Freizeit und über den Zeitpunkt, da sie Kontakt aufnehmen wollen mit ihren bevorzugten Vorfahren. Egal, ob telefonisch, mit dem Handy, via Mail oder in direkter Begegnung.

Grosseltern – Schwiegerompas: fremdbestimmt und doch verbunden

Eine Interaktion mit besonderem Konfliktpotenzial besteht manchmal zwischen den beiden durch ihre Enkelkinder verbundenen Eltern des eigenen Kindes und den Eltern von Partner oder Partnerin. Interessant ist, dass es keine unterscheidende eigenständige Bezeichnung für die nichtverwandten Grosseltern gibt. Sie definieren sich gleichsam über den familieneigenen Elternteil ihrer Enkel. Ein Glücksfall ist es, wenn sie sich auf Anhieb sympathisch sind.

Ompas und Schwiegerompas lernen sich nicht selten erst kurz vor der Hochzeit ihrer Kinder oder in der ersten gemeinsamen Wohnung des jungen Paars kennen. Vorher wussten sie eher wenig voneinander, kommen – ausser in der Hochfinanz – oft aus unterschiedlichen sozialen und politischen Verhältnissen, und immer häufiger handelt es sich auch um verschiedene kulturelle und ethnische Zugehörigkeiten. Eine steigende Zahl Grosseltern wohnen gar in einem anderen Erdteil.

Erschwert kann das Zusammenfinden werden, auch wenn beide Grosseltern einheimischen Ursprungs sind. An regionale Verschiedenheit und Traditionen müssen sich manche erst gewöhnen. Von den politischen Unterschieden, die sich meist gleich zu Beginn der zwischengrosselterlichen Bekanntschaft in hitzigen Debatten äussern, nicht zu reden. Stimmt aber die übrige Chemie, belasten verschiedene Standpunkte das Verbindende immer weniger; das gemeinsame Interesse am Gedeihen des Familienzuwachses herrscht vor.

Ehe dieser da ist, kann der gegenseitige Kontakt auf ein Minimum reduziert oder gar nicht gepflegt werden. Das ändert sich mit der Geburt des ersten Enkels meist von selbst.

Ab sofort werden viele Ompas nach der Geburt des Wonneproppens zu Konkurrenten. Jede Familie bestimmt zuerst einmal den Ähnlichkeitsgrad des Babys mit Merkmalen aus der eigenen Familie.

«Ganz der Walterli, als er auf die Welt kam», so die Mutter des Erzeugers.

Darauf die andere: «Mich erinnert er eher an eine kleine Kopie unserer Luise.»

Grossmutter väterlicherseits zu ihrem Walter, dem stolzen Vater: «Guck mal, genau solche Augen hattest du. Und erst die Öhrchen. Abgeschnitten deine.»

«Süss, diese Patschhändchen. So kräftig hast auch du zugegriffen», kontert die Gegenseite.

Dieser Sippenzugehörigkeits-Wettstreit um die sichtbare Blutsverwandtschaft hat auch eine humoristische Note, denn den meisten der sich verbal Überbietenden ist klar, dass vermeintlich festgestellte familiäre Merkmale, etwa Augen- und Haarfarbe, Stupsnase, Form der Lippen, sich noch x-mal im Laufe der ersten Jahre ändern können und dass die festgestellte Ähnlichkeit auch einem Wunschdenken entspringt. Aber es gilt, seine Position im grosselterlichen Ranking zu beziehen, ähnlich jenen Tieren, die ihr Revier markieren.

Wie wohltuend, wenn beide Ompas mit den jungen Eltern sich ohne falschen Ehrgeiz dankbar über den gesunden Nachwuchs freuen, statt sich gegenseitig in unterschwelliger Rivalität zu behaupten zu versuchen.

Später beginnt dann in manchen Familien das emotionale Gezerre: Welche Grossmütter oder Grossväter hat die Enkelschar lieber? Zum wem fühlen sich die Kids mehr hingezogen? Wer bekommt die Kinder länger in den Ferien, übers Wochenende? Oft ist die Grossmutter mütterlicherseits die Favoritin beim Kinderbetreuen, steht sie doch der Mutter in jeder Hinsicht am nächsten. Doch wo nur ein einziges Enkelkind da ist, glauben manche Ompas, die grosselterlichen Nebenbuhler an Verwöhnaktionen übertreffen zu müssen. Als Geschenkesel dazustehen, verschafft ihnen aber höchstens ein Eigentor. Auch Kinder wollen auf die Dauer nicht geködert werden. Und: Nur Ompas mit einer ungefestigten Persönlichkeitsstruktur lassen sich überhaupt auf einen Konkurrenzkampf ein. Den andern geht es ums Wohlbefinden der Enkel.

Haben die Grosseltern aber beispielsweise allzu divergierende Ansichten über Erziehung, sind die einen dynamisch-modern, die andern aber vielleicht älter, sehr konservativ und streng, oder gehört die eine Seite einer religiös freikirchlichen Gruppe an, während die andern Ompas ein freidenkerisches Weltbild propagieren, wird eine freundschaftliche Annäherung schwieriger. Doch auch hier gilt: Leben und leben lassen!

Neid und Eifersucht haben unter Ompas nichts verloren, auch wenn es menschlich ist sich zu fragen, warum die andern und nicht man selbst zum vierten Geburtstag des einzigen Enkels eingeladen worden ist, oder warum die Grosseltern mütterlicherseits regelmässig die Buben hüten dürfen, während die Eltern des Kindsvaters selten und dann nur zu einem Tee mit Kuchen eingeladen werden.

Doch statt den Fehler wieder mal bei der Schwiegertochter zu suchen, die einen ja offensichtlich nicht mag, könnte es hilfreich sein zu versuchen, sich mal von aussen zu betrachten und ehrlich zu fragen: Möchte ich mich selbst als Schwiegermutter oder Schwiegervater haben? Entwischt mir nicht immer wieder eine schnippische Bemerkung? Hätte ich es gern gesehen, wenn meine ‹Schwieger› oder meine Mutter mir die Geschirrtücher anders eingeräumt oder immer wieder über meine Unordnung gemeckert hätte? Bin ich eine geduldige, freundliche Grossmutter? Tadle ich meine Enkel wegen Kleinigkeiten, nur schon, wenn sie mich mit honigverklebten Händchen begrüssen oder ein bisschen laut herumtollen?

Verstehen sich die Grosseltern beider Familien auf Anhieb, ist das ein Geschenk und keineswegs selbstverständlich. Denn es handelt sich nicht um eine frei gewählte Annäherung. Die Ompas werden gleichsam in eine fremde Familie hineingezwungen. Gelingt die Integration, profitieren Alt und Jung davon. Misslingt sie, kann dennoch das Beste daraus gemacht werden. Nur braucht es dazu den Willen aller Beteiligten.

Innerer Abstand, Grösse und Toleranz sind Eigenschaften, die sich im Alter manchmal verstärken und die mithelfen, Konkurrenzdenken zu vermeiden oder zu überwinden.

Senioren – die neuen Störfaktoren der Gesellschaft?

Eine gesellschaftliche Last?

Möglich, dass sich ältere Menschen und ihre Enkel unbewusst auch so gut verstehen, weil sie beide zu einer Randgruppe gehören: Die Jüngsten sind noch keine vollwertigen Mitglieder unserer Leistungsgesellschaft, sie verbrauchen die Zeit anderer, ohne selber entsprechend Nutzen zu stiften. Und die Älteren haben ihre besten Jahre eh hinter sich, also fallen beide Gruppen kurzsichtig betrachtet der Allgemeinheit eher zur Last. Angesehen ist in unserer Gesellschaft nur, wer in unserem Karriere-Leistungs-Ertragssystem festen Fuss gefasst hat. Immer skrupelloser wird der Mensch nach seiner kommerziellen Nützlichkeit beurteilt.

Eine grosse Zahl älterer Menschen fühlt sich bereits Jahre vor der Pensionierung aufs Abstellgleis geschoben. «Höchste Zeit, ihren Bürostuhl an Jüngere freizugeben», heisst es dann.

Trotz des scheinbaren Aufschwungs der Ompas-Generation werden Senioren und betagte Mitbürgerinnen – ähnlich wie Kinder – als Störfaktoren im Sozialstaat wahrgenommen. Sie gelten – natürlich nur hinter vorgehaltener Hand, man hat ja nichts gegen Alte – als zunehmende Belastung.

Obwohl in der heutigen Gesellschaft sich ein ganz neues Bild alter Menschen langsam durchzusetzen beginnt – ein wissenschaftlich begründetes –, gibt es nach wie vor die Ewiggestrigen, die in allen über 65-Jährigen vertrottelte Gagaisten sehen. Es sei denn, er oder sie ist in der Politik tätig oder auf einem andern Gebiet prominent.

Man versucht nach wie vor, alten Menschen, wenn sie schwer krank sind, auf schonende Weise beizubringen, doch bitte freiwillig den Löffel abzugeben.

Gründe für diese Haltung finden ihre Anhänger zuhauf: Da sind einmal die unaufhaltsam steigenden Krankenversicherungs- und Pflegekosten.

- Wer braucht Ärzte, Pflegeheime und Spitäler? – Mehrheitlich Alte.
- Wer plündert die Altersvorsorge? – Die langlebigen Senioren.
- Wer ist auf der Strasse ein Verkehrshindernis? – Der alte Trottel, der an seinem Führerschein klebt!
- Wer füllt zu den Stosszeiten Strassenbahnen und Züge? – Die Rentner mit ihren Generalabonnements.
- Wer meckert dauernd, wenn die Jugend ein bisschen feiert und Party machen will? – Die alten Nachbarn.
- Wer ist schuld, dass die nächste Generation immer weniger in den Versicherungskassen hat? – Senile Schmarotzer.
  etc.

Nun die Gegenliste:
- Wer hat jahrzehntelang hohe AHV-Beiträge einbezahlt? – Rentner und Rentnerinnen.
- Wer zahlte jahrelang in die Arbeitslosenkasse? – Die Alten.
- Wer zahlte ein halbes Jahrhundert Krankenkassenbeiträge? – Seniorinnen und Senioren.
- Wem verdankt das Land das Funktionieren der Nachbarschaftshilfe und
- die Pflege alter Eltern? – Den jetzigen, unentgeltlich einspringenden Alten.
- Wer verursacht die wenigsten Verkehrsunfälle? – Die Pensionierten.
- Wer leistet unbezahlte Freiwilligenarbeit?

- Wer übernimmt trotz Krippen, Kindergärten und Horten viele Stunden der Betreuung von Klein- und Schulkindern?
  – Ompas, Patenopas, Schulgrosseltern und Wahlgrossmütter.
  etc.

Und doch werden Menschen im Rentenalter nicht mehr für voll genommen. Sie erbringen fürs Volkswohl ja keinen ersichtlichen Nutzen. Das ist so voreingenommen wie falsch.

Allen, die noch weiter daran zweifeln, soll nochmals gesagt sein:
- Ein alter Kopf beherbergt nicht zwangsläufig ein abgebautes Gehirn. Das Rentenalter macht nicht a priori dick, dumm, impotent und senil.
- Nicht alle Eltern enden als Pflegefälle bei ihren Kindern.
- Und auch junge Menschen können unheilbar krank, invalid oder geistig behindert werden.

Es liegt an uns Alten, den Weg für andere Sichtweisen aufzuzeigen.

Weg mit der Altersphobie!

Es ist in der Tat noch gar nicht lange her, da galten Alte für die Allgemeinheit als eine Art nicht vollwertige Spukgestalten, wie aus der Zeit gefallen. «Nur Psychiater sahen harmlose Alte oft mit andern Augen. Für sie waren Grossmütter ‹fleischfressende Pflanzen› und Grossväter ‹Tyrannen›.» (I. Possemeyer, GEO 02/09)

Als krasser Gegensatz zum Jugendkult steht das Alter im Zeichen von körperlichem und geistigem Zerfall. Die immer wieder propagierte tapfere Versicherung in Trendmagazinen, die Gesichter alternder Menschen besässen ihre je eigene

Schönheit, die sich gleichsam als individueller Fussabdruck und Ausstrahlung des gelebten Lebens in den feinen und gröberen Runzeln und Falten zeige, ändert nichts am immer heftiger grassierenden Juvenil- und Schönheitskult. Er macht vor niemandem Halt, auch vor jener Generation nicht, die bereits 60-Jährige als hinfällige Alte erlebt hat. Sogar uns, die wir die erste fitte Generation der über Siebzigjährigen sind, befällt angesichts des Faltenwurfs exponierter Körperstellen im Spiegelbild eine unerfüllbare Sehnsucht. Nach Jugend und Schönheit. Nach der ultimativen Verjüngungskur, am liebsten ohne Skalpell und zum Schnäppchenpreis.

Heute sehen wir zwar in alten Menschen eher eine Art Schreckgespenster der Vergangenheit als Bilder der eigenen Zukunft. Es gibt sie weniger zahlreich, die Frauen und Männer mit gebeugtem Gang, mit osteoporösem Witwenbuckel, klappernden Zahnprothesen, nach Urin riechend und mit sichtbarem Nachlassen der Sinnesorgane und der Energie, gedanklich an der Vergangenheit klebend, oft kränkelnd, im Extremfall in Rollstühlen dem Tod entgegendämmernd, ein Hörrohr am tauben Ohr, statt der Kontaktlinse oder Lesebrille eine Lupe in der Hand.

Auch die gemütlich auf der Bank vor ihrem Häuschen in die Abendsonne blinzelnden Alten, er mit wollener Weste, Zipfelmütze und Pfeife, sie eingehüllt in einen gehäkelten Schal mit einer Strickarbeit für die Enkel, gehören immer mehr ins Reich der Grosselternmythen.

Lebensalter und biologisches Alter klaffen heute bei vielen Menschen stark auseinander. Das Bild der Pflegebedürftigen und geistig Abgetakelten – spätestens über 60! – wird darum nicht nur in den Familien, sondern auch in den westlichen Konsum- und Freizeitgesellschaften grundlegend revidiert werden müssen. Durchaus möglich, dass einem roten Cabrio eine sportlich gekleidete ältere Mittsechzigerin entsteigt und nicht etwa eine nach Kampfer-Kugeln gegen Motten riechende Oma.

Bereits berücksichtigen Agenturen für Abenteuerreisen in erster Linie Menschen zwischen 60 und 85 Jahren, also im besten Gross- und Urgrosselternalter. Die neuen Alten schwärmen aus über den ganzen Globus, von Asien bis in die Polarregionen, kein Weg zu weit, keine Landschaft zu entlegen und viele können dank ihrer physischen Rüstigkeit mit Jüngeren durchaus mithalten. Immer mehr Menschen sparen ein Leben lang dafür, als Ompas die Welt zu entdecken oder in ihrem dritten Lebensabschnitt sich sogar an einem exotischen Stück Erde niederzulassen. Trekkings für Rentner und Rentnerinnen werden neuerdings von Ärzten begleitet.

Man kann sich über den Sinn solcher Reisen in ökologischer und anderer Hinsicht durchaus streiten, aber sie zeigen, wie wenig festgefahren und stur moderne Alte sind. Viele dieser Menschen sind liebevolle Grosseltern, aber die Pflege der Nachkommenschaft ist nicht ihr einziger Lebensinhalt. Das ist gut so, denn Ompas, deren ganzes Denken sich nur noch um den Nachwuchs dreht, können für Angehörige bald zu einer Belastung werden. Je weiter der grosselterliche Erfahrungs- und Wissenshorizont, desto mehr profitieren alle, inklusive Enkel.

Demgegenüber haperts mit der Aufklärung bei manchen Meinungsmachern ganz gehörig. Fernsehen, Bild- und Printmedien neigen – hoffentlich unabsichtlich – nach wie vor dazu, vielen Menschen über 65 leicht herablassend zu begegnen, ausser es handle sich um einen Senior oder eine Rentnerin aus der Cervelat- oder Politprominenz.

Rentner oder Seniorinnen gelten mit 82 als Greise. Noch vor 50 Jahren mochte das biologisch zutreffen, heute haben aber Greise 95 bis 100 und mehr Jahre auf dem – nicht zwingend vorhandenen – Buckel. Die Zahl der über Hundertjährigen wächst denn auch beeindruckend. Und längst nicht alle sind Pflegefälle und leiden an Demenz oder Alzheimer.

Auch der Umgang mit Wörtern wie ‹Grosi› oder ‹Ätti› gehört nicht tel quel in die Klatschpresse. Grosi, Oma und Opa haben meiner Ansicht nach als Bezeichnungen von Personen in den Headlines der Medien rein gar nichts verloren. Sie sind dem engsten Familienkreis vorbehalten, den Kindern und Enkeln. Jedenfalls nicht so wie im folgenden Beispiel: «63-jähriges ‹Grosi› starb, als es seinem Enkel das Leben rettete.» So oder ähnlich, mit einem abschätzigen ‹es›, titelte der Blick vor etlichen Monaten die Geschichte über das tragische Ende einer Frau, die ihren kleinen Enkel vor dem Unfalltod retten konnte und dabei selber das Leben verlor. Eine Heldin. Doch die 63-Jährige wird in den Medien einfach zum ‹Grosi›, nur weil sie mit ihrem Enkel unterwegs war. Nicht einmal im Tod wird sie vom Neutrum zur Person mit einem Namen. Die Bezeichnung ‹Grosi› spielt lediglich auf den Jahrgang und die Funktion innerhalb der Familie der Verstorbenen an. Das klingt leicht überheblich und zeugt von mangelndem Respekt.

Bei Grosis und Grossättis handelt es sich um eigenständige erwachsene Personen höheren Alters. (Namen wie Mami und Papi gehören genau genommen ebenso wenig in Schlagzeilen.) Doch beim ‹Grosi› oder beim ‹Opa› schwingt in den Medien immer eine Art Schulterklopfen mit à la: «Was, in Ihrem Alter gehen Sie noch aufs Matterhorn?» Dies fragt ein Interviewer eine 68-Jährige. Fehlt nur noch das obligate ‹Sie gute Frau›.

Oder: «Mit 70 denkt man doch längst ans Altersheim. Sie noch nicht?»

Nach wie vor traut man Menschen jenseits der Pensionierung nicht zu, mit einem Computer kompetent umgehen zu können oder ein normales Handy zu benützen.

Autofahren nach 70: «Ist das nicht gemeingefährlich? Glauben Sie nicht, dass Ihre Fahrweise den Verkehr behindern könnte?»

Eine Pflegefachfrau sagt gar zu einer 60-Jährigen: «Soseli, wie geht es uns heute Morgen?»

Und wer mit 80 plus noch selbständig seinen eigenen Haushalt führt, gilt in unsern Breitengraden fast als kleines medizinisches Wunder.

Da lobe ich mir die gesunde Hundertzweijährige, die in einer Fernsehsendung lakonisch feststellte: «Solange ich meine Fenster putzen kann, brauche ich kein Fitnesstraining. Bewege ich mich zu wenig, bin ich alt.» Basta.

Auch der Bestseller ‹Bitte, keinen Seniorenteller!› zeugt von einem Umdenken innerhalb der Altersgruppe über 60. Viele neue Alten haben dem Jugendwahn abgeschworen und verzichten darauf, ihr Alter mit allerlei Tricks herunterzuspielen. Was ist eigentlich so schlimm daran, 65, 70, 80 zu sein? Solange man einigermassen gesund und geistig fit ist, sollte dies eigentlich nur Grund zur Dankbarkeit sein.

So betrachtet müssten hierzulande Senioren zu einer zufriedenen Bevölkerungsgruppe gehören. Doch bei vielen legt sich Resignation wegen der nachlassenden körperlichen Attraktivität wie ein grauer Schleier über das Dasein. Sie trauern der vergangenen Jugend nach, als die Männer hinter ihr herpfiffen und er jedes schöne Mädchen erobern konnte.

Selten glänzen wir Älteren mit den viel beschworenen inneren Werten, der uns angedichteten Altersmilde und der weisen Gelassenheit, jenen Eigenschaften, die über alles Hässliche triumphieren sollen. Auf Altersweise treffen wir (allerdings dies auch eher selten) in der Philosophie, niemals aber in der

Jugendwahn-Gesellschaft. Sagte doch der kürzlich 60 gewordene Thomas Gottschalk in jüngeren Jahren: «I hope to die before I get old.»

Wir neuen Alten wollen mit allen Mitteln alt werden, aber nicht alt aussehen. Und das ist unser grosses Handicap. Statt selbstbewusst (nicht arrogant und besserwisserisch) zu unserem Alter, aber auch zu unseren beruflichen und praktischen Erfahrungen und Fähigkeiten zu stehen, uns neugierig mit den drängenden Problemen und Fragen unserer Zeit auseinanderzusetzen, tun wir alles, um etwas jünger geschätzt zu werden.

Und damit sind wir die besten Werbeträger für die nicht ausrottbare Altersphobie.

Warum hört man so wenig von der Freiheit im Alter? Dafür umso mehr von den Einschränkungen? Warum trauern so viele den Zwängen des Lifestyles nach? Warum überwiegt die Trauer, sich nicht mehr mit den Jungen und Schönen messen zu können? Trägt nicht die negative Sicht älterer Menschen dazu bei, wenn Jüngere sich diesen Blickwinkel aneignen und nur noch die Defizite des Altseins wahrnehmen? Wer sich einmal unvoreingenommen alten Menschen zuwendet, erkennt, dass viele negative Klischees nicht zutreffen, dass eine Menge betagter Personen eine positive Energie ausstrahlen, die rein gar nichts zu tun hat mit körperlicher Schönheit. Umso mehr aber mit den viel zitierten ‹inneren Werten›.

Es gibt sehr alte Männer und Frauen, die einerseits ganz im Heute leben und dennoch die Verbindung zur Vergangenheit nicht verloren haben, moderne Menschen mit tragenden Werten. Sie haben erlebt, wie vergänglich nicht nur der Mensch, sondern auch das von ihm Geschaffene sein kann. Es sind jene, die auch dem Oberflächlichen des heute Angesagten widerstehen können. Die froh sind, nicht mehr überall mitmachen zu müssen. Doch: Sie stehen zu ihrem Alter.

Gewiss, ab einem individuell variierenden Zeitpunkt leiden auch die am besten erhaltenen und die souverän dem Jugendwahn trotzenden Seniorinnen und Rentner unter ihrem Jahrgang. Es zwickt da und dort. Alkohol, Schlaf- und Schmerzmittel werden vielen zu treuen Begleitern. Der Tod rückt gedanklich und zeitlich ständig näher, und der ärztlich verordnete Pillenkonsum steigert sich bei manchen von Arztbesuch zu Arztbesuch. Schlaganfälle, Lähmungen und Bewegungseinschränkungen vergällen vielen das Dasein. Je länger ein Mensch lebt, desto weniger zahlreich sind seine Liebsten, sein Freundeskreis lichtet sich und nicht alle finden Halt und Zuwendung bei Freunden und in der Familie.

Doch würden wir nicht bis ins hohe Alter dem jugendlichen Aussehen hinterherhecheln, uns mit kosmetischen Operationen und sportlichen Quälereien den Alltag selber unnötig erschweren und damit zu Karikaturen des Jugendkults mutieren, wäre es vielleicht möglich, statt in Gram über das Verlorene in Würde den Lebensabend mit seinen unspektakulären, aber vielen kleinen Glanzlichtern bewusst zu genießen.

Tag für Tag verkürzt sich ohnehin die zu erwartende Spanne Zeit, und das mahnt zum verantwortungsvolleren Umgang mit dem noch verbleibenden Rest. Und dieser souveräne Umgang mit dem eigenen Alter und der langsamen Verabschiedung vom Leben könnte für die nächsten Generationen so etwas wie ein Vorbild sein.

Mehr Respekt für Ompas!

Es ist allerhöchste Zeit, wieder und wieder auch die positiven Seiten des Alters zu betonen, denn die Generation der Ompas darf und muss durchaus mehr Selbstbewusstsein zeigen.

Nicht, indem wir uns mit dem Zeigefinger über die moderne Gesellschaft und ihre Jugend beschweren. Jugendliche sind nicht schlechter als früher. Doch wir dürfen stolz sein auf die freiwillige Arbeit der Ompas. Es ist aber leider auch eine Binsenwahrheit, dass nicht geschätzt wird, was nichts kostet. Sonst wäre die Mär der hedonistischen Alten, die es sich auf Kosten der jüngeren Generation wohl sein lassen, durch objektivere Fakten ersetzt worden. Schmarotzer? Auf Kosten der Kinder?

Weit gefehlt! Im Jahr 2007 leisteten Rentner in der Schweiz rund 25 Millionen Stunden unentgeltliche Pflegearbeit für Haushaltmitglieder. Das entspricht einem Pensum von 13 000 Vollzeitstellen; in Haus, Garten und Transport waren es 53 000 Hundertprozentjobs und das Engagement der Senioren bei Sportvereinen, im Kulturbetrieb oder in sozial-karitativen Organisationen betrug 45 Millionen Stunden. Unbezahlt.

«Der Beitrag der Älteren für unsere Gesellschaft wird unterschätzt. Dabei sind sie für das Funktionieren unserer Gesellschaft unersetzlich», heisst es im Bundesamt für Statistik.

Als Entgelt werden sie zu Seniorennachmittagen, in die Senioren-Uni, zu Kaffeefahrten und 80-Jahr-Feiern eingeladen. Diese Zuwendungen bestätigen jedoch nur die These: Wer alt ist, wird nicht mehr ernst genommen.

In den wohlhabenden westlichen Gesellschaften sind eine Menge Senioren und Seniorinnen dabei, die gesellschaftliche Wahrnehmung des Alters zu verändern.

Dank einer gesünderen Ernährung, einer längeren Teilnahme am aktiven und politischen Leben, dem Besuch von Unis und Studierenden im Rentenalter, dank mehr Sport, einem neuen Gesundheitsbewusstsein und medizinischem Fortschritt gelten für die heutige, biologisch viel später alternde westliche Gesellschaft neue Massstäbe. Und es wird immer öfter diskutiert, ob es nicht eine Verschwendung an

Wissen und Erfahrung sei, eine noch leistungsfähige Generation von heute auf morgen aus dem Arbeitsprozess zu kippen, oder ob es nicht sinnvoller wäre, wenigstens in bestimmten Bereichen und Berufen jene Menschen, die kognitiv und physisch dazu noch in der Lage und gewillt sind, teilzeitlich oder ehrenamtlich weiterzubeschäftigen: als Mentoren für die Jüngeren, als Wahlgrosseltern in Familien, die ohne Ompas leben, in Schulklassen oder in Auslandeinsätzen als Ärztinnen, Krankenpflegende, beratend und aufklärend in der Gast- und Landwirtschaft oder in anderen Ressorts wirtschaftlich weniger erfolgreicher Schwellenländer. Die bisher gemachten Versuche zeigen ermutigende Resultate. Nicht umsonst wird in Deutschland – und auch bei uns – über eine Verlängerung der Lebensarbeitszeit ernsthaft diskutiert.

Familien haben in der Regel die Zeichen der Zeit längst erkannt und die Grosseltern aufgewertet. Die Wirtschaft ist gerade dabei, den Wert von jahrzehntelanger Erfahrung und Wissen bei älteren Mitarbeitenden einzusetzen, seit es plötzlich an genügend qualifizierten Schulabgängern fehlt.

Heute entfällt bei vielen – trotz gegenteiliger Behauptung – zumindest eine finanzielle Belastung: Die Nachwuchs-Generation hat nicht wie früher die alleinige finanzielle und pflegerische Versorgung der betagten, kranken und oft mausarmen Eltern zu übernehmen.

Bis anfangs des letzten Jahrhunderts war eine Vielzahl erwachsener Kinder die einzige Alters- und Pflegevorsorge für die Eltern. Zwar sagt das Sprichwort: «Eine Mutter ernährt sieben Söhne, doch sieben Söhne können nicht für ihre Mutter sorgen.» Das deutet auf die Problematik dieses Systems hin und zeigt, dass die gute alte Zeit keineswegs so gut und heil war, wie uns das heute gerne weisgemacht wird. Schon gar nicht im sozialen Bereich.

Inzwischen geht es aber vielen im Rentenalter Lebenden besser als ihren Nachkommen, und einige gestehen dies auch offen ein. Dagegen reicht heute das Geld bereits in Mittelstands-Familien oft kaum zur soliden Ausbildung von zwei Kindern. Nicht nur soziale Einrichtungen, sondern unzählige AHV-Bezüger – sie sind es, welche ihre Kinder, Enkel, sogar Urenkel finanziell unterstützen, Verwandte und Nachbarn betreuen und damit dem Staat eine enorme Summe an Ausgaben ersparen.

Laut dem Bundesamt für Statistik greift mehr als die Hälfte der Eltern, die ihre Kleinen von Drittpersonen betreuen lassen, auf die Grosseltern zurück. Sie entlasten die Sandwich-Generation, die zwischen Beruf und Familie einer Mehrfachbelastung ausgesetzt ist, und erfüllen eine wichtige Aufgabe, indem sie in der Schweiz rund 100 Millionen (!) Betreuungsstunden pro Jahr leisten. Mit einem Stundenlohn von 20 Franken ergäbe das eine Wertschöpfung von zwei Milliarden Franken. Eine recht schöne Summe.

Die Generation der jüngeren Grossmütter und auch Grossväter leistet besonders viele Betreuungsstunden. Zudem pflegen diese Männer und Frauen noch bis ins hohe Alter ihre Eltern und ihre Partner, Verwandte oder Nachbarn. Laut dem Generationenforscher François Höpflinger entstünde mit ausgewiesenen Fachkräften eine Summe von 3 Milliarden Franken. Damit würden die Kosten der bezahlten Pflege bei weitem übertroffen. Die ältere Generation erweist also volkswirtschaftlich unschätzbare Dienste.

In Frankreich haben Ompas eine ‹Europäische Grosselternschule› gegründet, sie bloggen im Internet auf eigenen Webseiten über Grosseltern-Enkel-Ferien und Scheidungskinder. Und immer öfter werden Grosseltern von Psychiatern zu

Mehrgenerationen-Familientherapien einbezogen. Sie sollen eine versöhnende Wirkung haben.

Auch in der Schweiz fand 2010 eine ‹Zukunftskonferenz der Grossmütter› statt. Über 50 Frauen aller Schichten verfassten eine Art Manifest für die Zukunft der Enkel. Eine intakte Natur mit Luft zum Atmen finden sie zum Beispiel wichtiger als Ferien in Dubai; ihre Enkel sollen auch eine gute Schulbildung erhalten, einen Beruf lernen, der ihrem Leben Sinn gibt (statt 10 Millionen Franken Boni). Wichtig ist diesen Grossmüttern auch, dass ihre jüngsten Nachkommen Werte lernen und, gleich in welcher Religion sie aufwachsen, erkennen sollen: Gott hat viele Namen.

Viele Grossmütter müssen sich wie in ihrer Berufs- und Familienzeit gut organisieren, sonst könnten sie die von ihnen erwarteten Aufgaben nicht übernehmen. Frauen, die sich zur Grossmütter(r)evolution zusammengeschlossen haben, möchten freiwillig ihre Enkel hüten und nicht, weil es ohne sie nicht geht. Sie verlangen dafür, dass die Leistungen der Grosseltern endlich öffentlich wahrgenommen werden. Die Forscherin Perrig-Chiello wäre sogar dafür, die Dienste der Ompas mit einer Steuererleichterung zu honorieren. Dann erst würde ihr Engagement nicht mehr so selbstverständlich hingenommen. All diese Angebote sind nur ein Teil des interessanten und vielseitigen Spektrums freiwilliger Dienste der neuen Alten. Statt als Friedhofsgemüse wären diese Menschen besser als rettende Engel zu bezeichnen.

Persönlich meine ich, dass weder Eltern- noch Grosselternliebe staatlich bezahlt werden soll. Entweder man mag Kinder und seine Mitmenschen und ist bereit, sich für sie zu engagieren, oder man lässt es. Trotzdem ist es an der Zeit, dass Staat und Gesellschaft die Leistungen der unzähligen Seniorinnen und Senioren zur Kenntnis nehmen und nicht länger ignorieren. Denn nur so korrigiert sich das falsche Bild der unnützen

Alten, welche die AHV und die Krankenkassen belasten und als überalterte Gesellschaft zum Problem werden.

Es ist an der Zeit, dass die Ompas explizit mehr Respekt verlangen: zuerst einmal vor und von sich selbst. Weg mit dem Ach-wie-bin-ich-alt-Komplex. Weg mit den Angeboten der teuren Schönheitschirurgen. Wir können das Geld sinnvoller ausgeben. Lesen wir statt der ewigen Kosmetik- und Schönheitspflegewerbeseiten der Frauenzeitschriften ein ernsthaftes Buch, schauen wir uns gute Filme und Ausstellungen an.

Seien wir authentisch. Und vergessen wir den Humor nicht. Lachen ist gesund, ansteckend und die preisgünstigste Therapie.

Und lassen wir uns nie mehr respektlos behandeln. Als neulich mein über 70-jähriger Mann in einer Berliner Bäckerei zwei Brötchen kaufte, sagte die junge Verkäuferin leicht schnippisch: «70 Cents, junger Mann», worauf er sich mit einem lachenden «Danke, alte Frau» verabschiedete.

‹Nuggigraben›, kinderfreie Zonen und Klassentreffen mit mangelnder Empathie

Auch Kinder werden zunehmend als Störfaktoren wahrgenommen – inmitten von Wohlstand und Egoismus. Wenn aber Babys und Kleinkinder als störend empfunden werden, muss eine Gesellschaft ihre Werte ernsthaft hinterfragen. Sind es wirklich die Kinder, die stören?

Um die hässliche Tendenz der Vorbehalte gegen die jüngste Generation etwas genauer zu betrachten, schweifen wir kurz ab zum sogenannten Nuggigraben. Männer und Frauen der Generation ‹no kids, but money› sind oft genervt durch die Anwesenheit kleiner Kinder im öffentlichen Raum. Doch Eltern und Grosseltern tragen auch einen Anteil zur neuen Stigmatisierung des vergötterten Nachwuchses bei. Dieser Nuggigraben trennt kinderlose Frauen von Müttern, und Männer von Vätern.

Eine Anzahl liebevoll-labile Papis und überbeschützende Mamas gucken nach durchwachten Nächten hohläugig aus der Wäsche und klagen über den unaufhörlichen Babystress, die Kinderkacke und nächtliches Dauergeschrei. Dabei schwingt aber meistens eine leichte Koketterie gegen Menschen ohne mit, in der Art von: Ihr andern habt ja keine Ahnung, wie stressig das ist mit einem Baby!

Diese unterschwellige Überheblichkeit junger Eltern nervt verständlicherweise Menschen, die keine Kinder haben. Manchmal ist der Ärger direkt nachvollziehbar, etwa wenn eine Horde kleiner Schreihälse wie Brüllaffen ohne Lärmschutz in Kneipen den – ihre schweren Tabletts balancierenden – Kellnern um die Beine wuselt und ruhebedürftigen Nicht-Eltern den Genuss einer Stange Bier oder das Bedürfnis nach einem ungestörten Schwatz vergrault. Während die Aufsichtspflichtigen der lauten Bande, ohne mit der Wimper zu zucken, in irgendwelche Geschichten über den ersten ganzen Satz eines ihrer Wunderkids vertieft sind.

Belästigt durch die Anwesenheit von Kindern fühlen sich darum immer mehr Kinderlose aller Altersgruppen. Am liebsten würden sie die fremde Brut ab sofort im öffentlichen Raum, in Zügen und Restaurants verbieten lassen. Zum Teil bereits mit Erfolg. Man denke nur an die Einführung ‹babyfreier Kneipen› in Berlin und sogar in Zürich. Die wachsende kinderfeindliche Fraktion hat zwar keine direkte Mehrarbeit durch den fremden Nachwuchs, sie ärgert sich einfach über laute Kinder und ihren natürlichen Bewegungsdrang.

Eigentlich sollten wir uns über jeden neuen Erdenbürger freuen, trägt er oder seine Altersgenossin doch zur Entlastung unserer Altersvorsorge bei und dazu, dass die Alterspyramide sich von der Spitze wieder auf ihre statistisch normale Basis stellen kann.

Doch wenn schon eine mir bekannte Kinderpsychologin vor dreissig Jahren mit ihren Enkeln in einer überfüllten Gaststätte zwischen den Tischen unbekümmert um die überraschten Gäste Fangen spielte, was tun da erst Eltern, die in ihre Kinder total vernarrt sind?

Eine andere Episode: Als die Mutter unserer Enkelinnen einmal ihre Freunde in einem Restaurant traf, weinten die beiden Mädchen – damals noch im Babyalter – herzerweichend, weil sie um den Platz an Mutters Brust stritten. Ein Mann am Nachbartisch rief: «Werdet ihr endlich mit den Kindern fertig? Ich bezahle nicht so viel Geld für ein Essen, um dieses Geschrei zu hören!» Darauf unsere Schwiegertochter schlagfertig: «Sie sind hier in einem kinderfreundlichen Stadtteil. Bleiben Sie doch dort, wo Sie herkommen. Hier stören Kinder nicht.» Der Mann verstummte, und wir meiden seither das Lokal.

Noch ein weiteres, lange zurückliegendes Beispiel:

Eine befreundete Familie mit drei Töchtern im Alter unserer Söhne (um die 7 bis 11 Jahre) traf sich mit uns in einem guten Restaurant zum Abendessen. Nach der Mahlzeit plauderten wir Eltern und überliessen die fünf Kids sich selber. Sie benahmen sich wie kleine Wilde und veranstalteten eine Art Wettlauf durch die Gaststätte. Wir Erwachsenen waren weinselig in ein Gespräch vertieft und schreckten wie aus einer Trance hoch, als wir unsere hoffnungsvollen Sprösslinge in einer Art Prozession und nicht unbedingt leise mit den weissen Tischdecken der Gaststube um die Schultern durch den Saal tanzen sahen. Da erst stellten wir fest, dass wir noch die einzigen Gäste – im anfänglich vollen Raum – waren. Ehe wir kleinlaut bezahlten, haben wir die ausgeflippte Bande noch heimlich fotografiert. Heute wären wir schon zu Beginn der Störaktion gebeten worden, das Lokal umgehend zu verlassen.

Können wir daraus folgern, dass die Menschen früher toleranter waren?

Gegen die sicht- und hörbaren Folgen der Geschlechterliebe ist aus juristischer Sicht nichts Stichhaltiges einzuwenden, zudem ist momentan das Jammern über den mangelnden Geburtennachwuchs in Mitteleuropa (ausgenommen in Frankreich) allgegenwärtig. Hilfe, wir Deutschen, wir Schweizer, wir sterben aus. Wie fruchtbar solche Thesen sind, zeigt Thilo Sarrazins umstrittenes Buch ‹Deutschland schafft sich ab›.

Es stimmt nachdenklich, doch trotz aller staatlichen Aufrufe und Anstrengungen steigen bei uns die Geburtenzahlen nicht wesentlich.

Kein Wunder, verhindern Egozentrik, unsolidarischer Individualismus, wachsende Kinderintoleranz und die pädagogische Besserwisserei der kinderlosen Singles manchen Fortpflanzungswunsch und unterstützen den Geburtenrückgang.

Zudem mehren sich die als ‹kinderfrei› deklarierten Zonen in Restaurants und Cafés. ‹Kinderfrei›, für Eltern ein Reizwort wie für Tabakfreunde das Wort ‹rauchfrei›. Wo sollen denn nun die doppelt diskriminierten rauchenden Eltern mit ihren Kleinen noch was trinken dürfen?

Und warum stossen die kindlichen Minderheiten in der Öffentlichkeit auf Ablehnung, wenn sie sich wie Kinder benehmen?

Warum gibt es in vielen Hauseingängen keinen Platz für Kinderwagen, müssen Eltern sie über viele steile Treppen hochtragen? Warum ist Wohnen in Zürich für Familien bald unbezahlbar? Und beim geringsten Zuwachs an Buben und Mädchen fehlen dann plötzlich Lehrkräfte.

Die neuen Erdenbürger und kleinen Prinzessinnen müssten eigentlich als willkommene künftige Steuerzahlende mit einem Geburtstagsgeschenk vom Staat begrüsst werden, etwa mit einem Gutschein für einen Krippenplatz und einer günstigen Wohnmöglichkeit, in der ein Kind auch nachts mal weinen darf, ohne dass Nachbarn an die Wand klopfen.

Die schrumpfende Geburtenzahl bringt noch weitere Probleme. Immer weniger Kinder bedeuten zum Beispiel auf Dauer auch fehlende Kandidatinnen und Kandidaten für ‹X-Land sucht den Superstar› und all die Supermodel- und Kinderstar-Castings, die Music-Stars im Vorpubertäts- und Pubertätsalter. Und erst der ganze Ramschartikel-Markt, der mit den süssen Kleinen und ihren kauffreudigen Eltern und Grosseltern Millionengeschäfte macht! Von den schwächelnden Alterszahlungen an die Vorvorderen nicht zu reden!

Fazit: Kinderkriegen ist mehr als angesagt, am liebsten gleich im Zweier- oder Dreierpack. Bei den hormonalen Nachhilfemöglichkeiten heutiger Frauenärzte kein Problem, so kann sich jede Frau sogar im reiferen Alter noch den zu lange unterdrückten Kinderwunsch erfüllen. Gut möglich, dass sich aus den kinderphobischen Single-Zicken bis zur Lebensmitte Frauen mit Kinderwunsch entwickeln. So einfach wirds heute selbst ehemaligen Kinderverächterinnen gemacht – und trotzdem droht uns vielleicht ein bevölkerungsstatistisches Grounding.

Doch zurück zur heutigen Realität. Solange keine Krippenplätze für jedes Kind nach der Babypause zu erschwinglichem Preis zur Verfügung stehen, solange Jobsharing ein Weg in die Armut ist, solange Männer, die eine Auszeit zur Kinderbetreuung nehmen, als Weicheier von der beruflichen Karriereleiter fallen, solange an Krippen, Kindergärten und Schulen mehr als an Autobahnen und Prestigebauten gespart wird, solange die Kinderspielplätze in vielen Städten zu den unkreativsten und langweiligsten Anlagen weit herum gehören und solange jede Familie mit Kind von Wohnungsvermietern scheel angeguckt wird, müssen sich Kinder an Orten, die eigentlich für Erwachsene gedacht sind, austoben und der Anreiz zum Elternwerden sinkt weiter.

Gäbe es genügend wirklich gute und die Kreativität fördernde Erholungs- und Spielräume für Kinder und Erwachsene, müssten sich weniger Menschen über Kinder in Restaurants und Ausstellungsräumen aufregen. Wobei es durchaus Eltern gibt, die mit ihren Kindern überall hingehen können, ohne dass der Ort gleich in einen ‹Kinderladen› umfunktioniert wird. Es ist nämlich durchaus legitim zu fragen, ob nonstop schreiende Babys in Vorlesungen, Konzerte und Cafeterias gehören, ob Mütter wirklich keine andere Möglichkeit haben, als mit ihrer Brut diese Orte aufzusuchen.

Es nervt nicht nur die kinderfeindliche Fraktion, wenn Muttis ihre kleinen Könige in Ausstellungen umhertollen lassen und mit ihren Freundinnen schwatzen, statt dem Nachwuchs seinem Verständnis entsprechend die Kunst nahezubringen, wenn Zug und Restaurants zu Spielplätzen verwöhnter Gören werden, derweil ihre Eltern tun, als hätten sie die Saubande noch nie gesehen, und glauben, sich an keine Regeln halten zu müssen. Vor allem an keine Rücksichtnahme auf andere. Doch so benimmt sich nur eine Minderheit von Eltern.

Wenn die Zahl der Singles in den Städten steigt, sinkt die Toleranz gegen Kinder. Das gesellschaftliche Klima verändert sich und Kinder sind auf dem Weg, zusammen mit ihren Ompas eine unbeliebte Randgruppe zu werden.

Kleine Kinder sind nun einmal laut; sie weinen und stampfen, wenn ihnen etwas nicht passt, und sie verstärken ihre Anstrengung, wenn die Eltern, verwirrt und verunsichert, sie zum Schweigen bringen wollen. Was denken die Leute!, ist der erste Gedanke.

«Hört das Geplärre endlich auf?», heissts schnell einmal, wenn ein Kind im Treppenhaus heult. Auch in Zürich gibts Quartiere, die praktisch kinderfrei sind.

Doch «wo die Balance zwischen Alt und Jung nicht mehr stimmt, leidet die über Jahrhunderte gewachsene Kultur der Akzeptanz und der Selbstregulierung», sagt ein deutscher Stadt- und Regionalökonom. «Heute werden Kinder entweder als Rarität oder als Störfaktor betrachtet. In einer so denkenden Gesellschaft verläuft Kindheit aber jenseits jeder Normalität. Wer die kleinen Mädchen und Buben in den Städten sieht, kann kaum glauben, dass viele Menschen sie nur als Ärgernis und Lärmquellen wahrnehmen.»

Doch wo Kinder sind, fühlen sich immer mehr Erwachsene belästigt. «Die Klage über Kinder ist ein Grundkonflikt. Viele denken nur noch an sich und haben kein Gefühl mehr für den andern», sagen Jugendbeauftragte. Seltsam ist auch, dass Bewohner, die Industrie- und Verkehrslärm, die Lautstärke einer Müllverbrennungsanlage und Motorradgeknatter klaglos hinnehmen, sich über den ‹Krach› von Kindern jedoch sofort beschweren.

Ompas können ein wenig dazu beitragen, dass Kinder wieder werden, was sie sind: Buben und Mädchen, die neugierig, spontan, laut und bewegungsfreudig die Welt entdecken wollen, die aber auch lernen müssen, auf andere Menschen und ihre Bedürfnisse zu achten.

Als mein Mann letzthin vorschlug, den vier- und sechsjährigen Enkelinnen im Fraumünster die Chagallscheiben zu zeigen, war ich erst skeptisch, denn die beiden sind nicht unbedingt Kinder der stillen Art. In der Kirche waren einige ältere Männer und Frauen in die Betrachtung der Scheiben versunken. Sie blickten etwas erstaunt und säuerlich, als sie die kleinen Mädchen sahen.

Doch beeindruckend war, wie die Mädels von der Grösse des Raums und den Farben überwältigt waren, sich stumm auf einen Kirchenstuhl setzten, ihre Kuscheltiere auf den Knien, und ernsthaft und eingehend jedes Fenster betrachteten. Adele ging flüsternd und auf den Zehen im Chor herum. Plötzlich sagte Sofia laut zu ihrem Hahn: «Güggel, welches Fenster gefällt dir am besten? Das gelbe, gell. Mir auch.» In diesem Moment huschte immerhin ein Lächeln über das Gesicht eines der ernsten Betrachter.

Nicht nur Kinder können als lästig empfunden werden. Manchmal sind es mehr die Eltern und Grosseltern, die dazu beitragen, dass viele Menschen um Kinder und alles, was mit ihnen zu tun hat, einen Bogen schlagen.

Gerade weil in unserer Gesellschaft ein Kind bald als selten werdendes Unikat oder als unerwünschte Nervensäge empfunden wird, möchte ich Eltern und Ompas etwas Zurückhaltung empfehlen, ehe sie ihre Umgebung mit Fotos und Geschichten über ihre Kinder und Kindeskinder bombardieren und langweilen.

Dazu muss man nicht mal ein Kinderfeind sein. Es genügt schon – weshalb auch immer –, ohne Kinder und/oder Enkel leben zu müssen oder zu wollen. Es gibt darum etliche Gründe, die kinderverzückten Eltern und die nicht minder hörigen Grosseltern als Zumutung zu empfinden.

Jeder von uns hat wohl schon eine Klassenzusammenkunft mit Ex-Kameradinnen erlitten, in der die Muttertiere – nur vereinzelte Väter – ausschliesslich ihre weltbewegenden Erfahrungen über Windeln, Schlafmangel, Ferien mit Babys, Klein- und Schulkinder austauschten.

Es zeugt von mangelndem Takt und Einfühlungsvermögen und ist für Singles oder unfreiwillig kinderlos gebliebene Paare sehr bemühend und eintönig, wenn an Klassentreffen in der Fortpflanzungsphase reihum die Fotos der entzückenden und ach so begabten Sprösslinge kursieren, um anschliessend kollektiv die kinderlosen Anwesenden um ihre viele Freizeit zu beneiden und die Strapazen des Kinderhabens in allen Varianten zu schildern. Jahre später folgen Fotos und Zeichnungen der noch niedlicheren und noch genialeren Enkelkinder, bis die Darstellungen des vielversprechenden Nachwuchses beim Eintritt ins Rentenalter durch Röntgenbilder künstlicher Hüft- und Kniegelenke abgelöst werden und die Unterhaltung von Geschichten über Operationen dominiert wird.

Nicht unbedingt erheiternder und kein bisschen anregender, aber gerechter als der Kinderkult, denn zum Thema Krankheit kann wenigstens fast jeder eigene Erfahrungen beitragen. Leider fehlen dann die meisten alleinstehenden Klassenkolleginnen und -kollegen, weil sie inzwischen interessantere Themen und Gesprächskreise gefunden haben.

Denn: Es gibt es tatsächlich. Ein Leben auch ohne Nachwuchs, und erst noch ein erfülltes.

Die neuen Ompas –
ein Phänomen der Mittel- und Oberschicht

François Höpflinger stellt fest: «Grosseltern, die nicht nur für die Kinderbetreuung wichtig sind, sondern auch als aktive Bezugsperson für Teenager, sind etwas völlig Neues. Die Rolle ist erst in den letzten 20, 30 Jahren entstanden.»

Cornelia Hummel, Höpflingers Kollegin, sagt über diese neuen Ompas: «Sie denken intensiv darüber nach, wie sie sich ihren Enkeln gegenüber adäquat verhalten können.

Sind die Kinder klein, bedienen sie das Verlangen nach traditionellen Rollen. Sie backen, basteln, erzählen Geschichten. Danach wechseln sie ihr Repertoire und gehen mit den Enkeln ins Kino oder shoppen.»

Diskutieren hat im Teenageralter oberste Priorität. Und zwar über soziale und moralische Fragen, nicht selten gar auch über Liebe und Sexualität. Über Kleider, Piercings und Taschengeld-Ausgaben geben Ompas kein Urteil ab. Und sollten sie bei Sätzen wie «Ey cool, Alter» innerlich zusammenzucken, lassen sie es sich meistens nicht anmerken.

Denn sich auf die Welt der Enkel einzulassen, verlangt eine Menge Flexibilität von den Ompas, «und nicht alle sind willens oder fähig, sich im hohen Alter noch einmal einer Verjüngungskur zu unterziehen. Dazu braucht es auch soziale Fähigkeiten, die nicht in jedem Milieu gleichermassen vorhanden sind.» Hummel konstatiert, dass die neuen ‹Oldies› vor allem ein Mittel- und Oberschichtsphänomen seien.

In vielen Familien gäbe es darum weiterhin die ‹alten› Ompas, über die sich Jugendliche beklagen, weil sie sich wie früher als kleine Kinder behandelt fühlen. «Sie fragen immer wieder das Gleiche.»

Für diese Grosseltern ist es unverständlich und traurig zu erleben, dass die Enkel nur noch an Feiertagen zu Besuch kommen. Hummel erinnert sich an eine betagte Grossmutter, die unter ihrer traditionellen Rolle litt: «Ich wäre auch gern so eine moderne Oma, die alles mitmacht, aber das gelingt mir nicht.»

Das zeigt, dass die innige Beziehung zwischen Ompas und Enkeln nicht einfach von Natur aus gegeben ist. Damit sie gelingt, müssen sich beide Seiten bemühen. (Doch, ob gut oder schlecht – Grosseltern prägen ihre Enkel erstaunlich stark.)

Soziologen sprechen vom kulturellen Kapital, das von einem Kind durch den täglichen Umgang in seiner Familie als ‹normal› verinnerlicht wird. Das soziale Erbe, das eine Familie weitergibt, besteht aus Werten, Verhaltensweisen, Gefühlen und «dem Familienstatus. Kommunikationsmuster, belastende Familiengeheimnisse, unverarbeitete Traumata, Schuld oder Trauer ziehen ihre Spuren häufig durch mehrere Generationen und führen immer wieder zu ähnlichen Konflikten und Katastrophen, etwa zu Suizid wie in der Familie von Thomas Mann oder Scheidungen wie im englischen Königshaus.»

Zuschreibungen wie «ganz der Opa» oder «Alle Männer waren bei uns Versager» oder auch «Musiker und Künstler» können das Selbstbild der Nachfahren bis in die zweite Generation belasten. Delegationen auf der Identifikationsebene werden sehr subtil weitergegeben, doch Kids haben sensible Antennen für solche unterschwelligen Botschaften.

Da jede Familie ein eigenes System ist, können derartige Erwartungen die Bildung einer eigenen Identität erschweren. Kein Mensch will Delegierter seiner Ahnen bleiben und muss lernen, auch die Erwartungen seiner Familie vielleicht zu enttäuschen, um eigene Wünsche und Begabungen zu verwirklichen. In Mehrgenerationen-Familientherapien können alle lernen, dass jede Generation anders ist, und dies gegenseitig akzeptieren.

Klar auch, dass psychologische Erkenntnisse und therapeutische Erfahrungen mehr in der Mittel- und Oberschicht gefragt sind, allein schon, weil andern Familien die finanziellen Mittel dazu fehlen.

Allo-Eltern

Das Wort ‹allo› stammt aus dem Griechischen und bedeutet ‹anders, die andern›.

Wahrscheinlich haben sich nur wenige von uns schon Gedanken darüber gemacht, dass «abgesehen von Frauen und einigen Walen (...) kein anderes Säugetier nach dem Ende seiner Fortpflanzungsfähigkeit noch Jahrzehntelang weiterlebt». Doch: «Wer schon immer mal wissen wollte, wozu Frauen nach der Menopause eigentlich noch lange und neuerdings immer länger leben, der sollte eine Studie der Soziologin und Primatenforscherin Sarah Blaffer Hrdy lesen», schreibt die Berliner Journalistin Brigitte Preissler.

Über den evolutionären Nutzen dieser Langlebigkeit rätseln Forscher seit Jahrzehnten. Ende der 1990er-Jahre vermutete die US-Forscherin Kristen Hawkes, ältere Omas könnten sich intensiver um ihre Enkel kümmern und diesen dadurch bessere Überlebenschancen bieten. Alte Frauen würden zudem die Gene ihrer Langlebigkeit weitervererben. Um diese Hypothese zu prüfen, wurden weltweit Daten gesammelt. Bei afrikanischen und südamerikanischen Sammler- und Jägervölkern bis hin zu ostfriesischen alten Kirchenbüchern, überall gab es Indizien, dass die Anwesenheit der Grossmütter die Fruchtbarkeit ihrer Töchter erhöhte und/oder die Säuglingssterblichkeit reduzierte.

Für den Deutschen Frieder Lang passen diese Beweise zur Feststellung, dass sich bestimmte soziale und emotionale Fähigkeiten erst mit höherem Alter entwickeln. Und obschon ein einzelnes Individuum statistisch hier überhaupt nicht ins

Gewicht fällt, kann ich diesen Wandel seit ein paar Jahren an mir selber beobachten.

Auch Hrdy vertritt die These, die Evolution habe durch lebensverlängernde Gene mit der Zeit dafür gesorgt, dass durch die Unterstützung der älteren Frauen die Überlebenschance der Kinder und Enkel erhöht wurde. Alle Grossmütter hätten daher genetisch die zweite Lebenshälfte der Hilfsbereitschaft ihrer steinzeitlichen Vorfahren bei der Kindererziehung zu verdanken.

Alloparentale Brutpflege kommt vor allem bei Tieren wie Vögeln und Primaten vor. Der Begriff wird aber auch für Frauen aus stammeskulturellen Gemeinschaften angewendet, wo es üblich ist, dass Babys nicht einmal die Hälfte ihrer Wachzeit bei der Mutter verbringen und sonst von andern Frauen betreut werden, denn Kinder besitzen in diesen Kulturen eine hohe Attraktivität.

Aber nicht nur Müttern und Grossmüttern, auch dem ganzen Dorf, den Vätern und Grossvätern, den Tanten, Onkeln, Cousinen und Cousins, den älteren Geschwistern und Teenager-Babysittern, Verwandten und Nichtverwandten schreibt Hrdy eine zentrale Rolle bei der Entwicklung der menschlichen Art zu.

Ohne diese sogenannten Allo-Mütter oder Allo-Eltern «hätte es nie eine menschliche Spezies gegeben», schreibt Hrdy. Nach ihrer Ansicht ermöglichte erst die gemeinschaftliche Kinderaufzucht die Ausbildung einer Eigenschaft, die beim Menschen am weitesten entwickelt ist: Kommunikation und Empathie. «Wir mussten erst die freundlichsten Affen werden, bevor wir eine Chance hatten, auch die klügsten Affen zu werden.» In Hrdys Buch ‹Mothers and others› finden sich dazu weitere interessante, manchmal auch zum Widerspruch auffordernde Thesen.

Die Kinder einer Allo-Elterngemeinschaft, das war ein Teil der Sippe oder eines Dorfes, hatten frühzeitig zu lernen, die Gefühle und Absichten ihrer Fremdbetreuer wahrzunehmen, richtig zu interpretieren und darauf entsprechend zu reagieren. Die Kinder lernten, Wohlwollen und Aufmerksamkeit der Allo-Eltern zu erreichen. Dies trug beim Menschen im Lauf der Jahrtausende zur Entwicklung eines neuartigen Nervensystems bei, und mit der Zeit vergrösserte sich sein Gehirn. Und dadurch erhöhten sich die Überlebenschancen.

Hrdy verfolgt mit ihrer anthropologischen Analyse aber vor allem ein Anliegen, das die heutige Gesellschaft betrifft. Im Gegensatz zu den meisten Forschern verhält sich nach ihrer Überzeugung die frühe Dorf- oder Stammesgemeinschaft kooperativ und prosozial – weniger um gemeinsam gegen Feinde zu kämpfen, als um den Nachwuchs optimal zu beschützen. Sie sieht in der kindlichen Bindung an andere (auch Nichtverwandte) die Grundlage des Menschseins.

Nicht ein verheiratetes Elternpaar und die Kernfamilie bilden für Hrdy die optimale Familie, auch nicht die zentrale Rolle der Mutter ist von ausschlaggebender Bedeutung, sondern die stete Gegenwart der Allo-Eltern.

Daraus folgert die Soziobiologin und Primatenforscherin, dass diese Flexibilität, sich auf andere einzustellen, auch die Sprachbildung und die kognitive Entwicklung des Nachwuchses förderte und fördert. Sie befürwortet deshalb die Fremdbetreuung der Kinder auch in unserer Gesellschaft. Eltern, die ihr Kind zu Hause erziehen, tragen nach ihren Thesen sogar eher zur Intelligenzverminderung ihrer Kinder bei. Erst die gemeinschaftliche Kinderaufzucht unterstütze die Kleinen in ihrer Intelligenz und Kooperationsfähigkeit und mache sie zu sozialen Wesen. Ob Oma, Opa, Patin, Lesbenpaar oder schwuler Onkel: Kinder gedeihen am besten im Umgang mit vielen und unterschiedlichen anderen Menschen. So wie ein afrikanisches Sprichwort sagt: «Um ein Kind aufzuziehen, braucht es ein ganzes Dorf.»

Doch nicht nur mit Hrdys Theorie ist die Wichtigkeit der Ompas auch in der modernen Familie mit zwei berufstätigen Eltern hinlänglich bewiesen. Grosseltern sind darüber hinaus auch die letzten Vermittler von einfacherem Leben, von Traditionen und Märchen. Aber auch Mütter, die ihre Prinzen und Prinzessinnen einer Krippe anvertrauen, sind rehabilitiert. Diese ‹Rabenmütter› fördern damit eine umfassende kindliche Entwicklung, während ‹Glucken›, die an Kind und Herd kleben, nicht selten auch ihren Nachwuchs aus eigensüchtigen Motiven an seiner Entfaltung zum wahren Menschsein hindern.

Echte Emanzipation sollte aber heute jeder Frau ermöglichen, zwischen Familienfrau oder berufstätiger Mutter ohne Wertung wählen zu können, vorausgesetzt, die Umstände lassen überhaupt eine freie Wahl zu.

Omas werden durch Hrdys Sichtweise in ihrer Stellung einerseits gestärkt – anderseits wird die Bedeutung der Blutsverwandtschaft stark relativiert, denn Erwachsene sind per se für die gesunde Entwicklung von Kindern wichtig. Dass Frauen länger leben, um als Grossmütter ihre Töchter entlasten zu können, ist mit Hrdys These nicht hinlänglich bewiesen, wohl aber, dass Kinder von mehreren kompetenten Bezugspersonen in ihrer Entwicklung profitieren. Und dazu gehören auch die Ompas.

Fazit

Fest steht, dass die Grosselternschaft auf eine individuelle und besondere Weise erfahren wird, dass das Eingebundensein in die Familie der erwachsenen Kinder stark variiert, auch weil zu ihnen und den Enkeln nicht überall die gleich intensive Nähe besteht.

Für alle Frauen und Männer, die ihre oder gar fremde Enkelkinder betreuen und die sich mit Hingabe den Heranwachsenden widmen, gilt als oberste Regel: Enkel sind nicht die eigenen Kinder! Da mögen noch so viele Parallelen und Ähnlichkeiten mit den charakterlichen Eigenschaften von Söhnen und Töchtern zum Vorschein kommen. Enkel sind eine Gabe und eine Aufgabe, aber sie gehören uns nicht! Wenn schon für Eltern gilt, dass Kinder nicht ihr Besitz sind, gilt dies erst recht für Grosseltern.

Wie bereits dargelegt, ist die gemeinsame Wegstrecke von Ompas und Grosskindern in der Regel heute länger als je zuvor. Dies stärkt die Bedeutung und den Einfluss der Vorfahren, gibt ihnen aber kein Recht, die Enkel übermässig an sich zu binden. Kindern und besonders den Jugendlichen ist der Unterschied zwischen Eltern und Ompas durchaus bewusst – falls nicht, haben die Senioren Gegensteuer zu geben. Ihre Aufgabe besteht darin, die Heranwachsenden mit der nötigen Distanz so engagiert wie möglich, fantasievoll und geduldig aus der Nähe und/oder der Ferne zu begleiten.

Von der erzieherischen Verantwortung sind Ompas insofern entbunden, als sie den Eltern grundsätzlich nicht in ihren Erziehungsstil hineinreden sollten. Was im Normalfall die pflichtbewusste Grosseltern-Psyche stark entlasten dürfte. Bei den Enkeln zuhause ist ihnen höchstens in selten krassen Fällen, die Kindern wirklich schaden können, erlaubt, zu intervenieren. Für den Nachwuchs verantwortlich sind Ompas nur für die Stunden und Tage, in denen sie die Enkel betreuen. Die Gesamtverantwortung für den pädagogischen Bereich tragen die Eltern. Ob paarweise oder allein erziehend, haben sie ihre ganz persönliche Ansicht darüber, wie Kinder aufwachsen sollen. Vieles kann Grosseltern kurios vorkommen und sogar zum Widerspruch reizen. Bei den Kindern zuhause haben jedoch allein die Eltern das Sagen, bei den Grosseltern gelten deren Regeln. Den Kindern bereitet es wenig Mühe, zwischen den einzelnen Erziehungsstilen zu switchen.

Verantwortungsbewusste Ompas werden ihre Enkelkinder nicht mit Geschenken ködern und wetteifern nicht mit den Eltern um die kindliche Zuneigung. Wer auf die Liebe zu Mama/Papa neidisch ist, eignet sich nicht zur Betreuung von Kindern und Jugendlichen.

Befriedigende Grosselternschaft beruht auch auf einer gewissen Freiwilligkeit. Ompas sollten sich nicht ihrer Nachkommen wegen vom eigenen Leben abschotten müssen. Rüstige Grossväter und -mütter dürfen sich ohne Gewissensbisse auch mal eine längere Reise oder einen Kursbesuch gönnen, auch wenn dabei die Betreuung der Grosskinder unterbrochen wird. So lange wie möglich sollen Senioren ihr Leben nach eigenem Gusto gestalten, den Kontakt mit ihrem Freundeskreis intensiv pflegen, musizieren, aktiv in der Politik mitwirken, wandern, Sport treiben. Allen voran profitieren die Enkel von neugierig der Welt zugewandten und zufriedenen Grosseltern.

Ompas dürfen für ihren persönlichen Lebensstil Verständnis von den erwachsenen Söhnen und Töchtern erwarten, genau wie die jungen Familien darauf zählen dürfen, dass sich Eltern und Schwiegereltern nicht ungefragt in ihre Familien- und Lebensgestaltung mischen oder sich ihnen sogar aufdrängen.

Auf jeden Fall haben Grosseltern zu vermeiden, dass sie den jüngeren Generationen auf den Nerv fallen. Das bedeutet Zurückhaltung mit der Bereitschaft zu helfen und – wenn erwünscht – auch mit Rat und Tat beizustehen.

Lassen Grosseltern und Eltern einander so sein und so leben, wie es ihnen entspricht, kann daraus ein harmonisches Miteinander von drei Generationen entstehen, von dem alle auf ihre Weise profitieren. Wer sich in einer Gemeinschaft aufgehoben fühlt, dem bietet sich auch die Chance für eine persönliche Weiterentwicklung. Ompas können sich dabei beispielhaft einbringen mit Eigenschaften wie Toleranz, Empathie und Humor.

Dank

Ein grosses Dankeschön geht an Bettina Kaelin Ramseyer fürs Lektorat und (Nono) Robert Tobler fürs kritische Durchlesen, Mitdenken und die Unterstützung.

Eva Zeltner

Foto: Robert Tobler

Wächst als einziges Mädchen unter verhaltensauffälligen Buben und männlichen Jugendlichen in der Stiftung Albisbrunn auf; wollte Abenteurerin und Künstlerin werden, wurde dann aber Mutter und Pfarrfrau und Lehrerin bei erziehungsschwierigen Jungs. Mit 53 studierte sie an der Uni Zürich Psychologie, Psychopathologie des Kindes- und Jugendalters und Neuropsychologie.
Die Autorin ist verheiratet, hat zwei Söhne und lebt als Publizistin in Zürich und Berlin.

Bei Zytglogge erschienen:
1990 ‹Stellmesser und Siebenschläfer›
1993 ‹Kinder schlagen zurück›, 3. Auflage 1993
1995 ‹Mut zur Erziehung›, 6. Aufl. 1996
1996 ‹‹Weder Macho noch Muttersöhnchen›, 2. Auflage 1997
1998 ‹Generationen-Mix›
2001 ‹Elternlust – Elternfrust›
2004 ‹Und plötzlich fühl ich mich alt›, 2. Auflage 2005
2005 ‹Halt die Schnauze, Mutter!›, 2. Auflage 2006
2007 ‹Streitpunkt Schule›
2009 ‹Der Tanz ums goldene Kind›

Eva Zeltner bei Zytglogge

Generationen-Mix
Frühreife Kids und ravende Oldies

Kinder werden schneller erwachsen als früher, bleiben jedoch länger bei den Eltern. Umgekehrt verhalten sich 50-Jährige wie Teens. ‹Generationen-Mix› nennt Eva Zeltner dieses Phänomen. In ihrem Buch beleuchtet sie die Hintergründe der Flexibilisierung der Lebensläufe. Sie zeigt die Gefahren auf – etwa Verunsicherung, Infantilisierung, Schönheitskult –, aber auch die Chancen: Wenn die Generationen zu einer partnerschaftlicheren Beziehung finden, kann das für Alt und Jung ein Gewinn sein. Wesentlich ist laut Zeltner allerdings die gesellschaftliche Akzeptanz jedes Lebensalters.

eba, Berner Rundschau

Halt die Schnauze, Mutter!
Überforderte Eltern und Lehrpersonen

‹Halt die Schnauze!› tönt massiv aggressiv, entspricht jedoch (in Härtefällen) der Realität. Eva Zeltners ‹Mut zur Erziehung› vor 10 Jahren wurde zum Kult-Buch. Die Probleme der überforderten Eltern und Lehrkräfte sind geblieben. Neue Anläufe müssen gewagt werden. Zurück zur Erziehung ist angesagt.

Elternlust – Elternfrust
Wie der Nachwuchs uns lebenslang in Atem hält.

Das Buch ist lesenswert, wissenschaftlich und bezüglich der Praxis fundiert, gibt verständliche und akzeptierbare Hinweise zum Umgang mit Kindern von der ersten Elternschaft bis hin zum Grosselternalter und hilft mit, das lebenslange ‹Erziehungsgeschäft› etwas gelassener zu nehmen. Es äussert sich zum ‹Aufbruch der Mütter›, zu Krisen und Chancen der Väter, zu Familien-, Schul- und Gesellschaftsproblemen; – ganz allgemein zu ‹Lust und Frust› in der Erziehung. Eltern, Lehrkräfte und Fachleute sollten es unbedingt lesen. *R.A., Schulblatt*

Der Tanz ums goldene Kind
Von der Ambivalenz elterlicher Gefühle

Kinder und Jugendliche stehen wie nie zuvor im Zentrum der Aufmerksamkeit, und doch stossen fast alle Erziehenden irgendwann an ihre Grenzen und sehnen sich nach neuen Rezepten.
Ausgehend von aktuellen Fakten und Beispielen stupider Erziehungsfallen – u. a. dass Kinder nicht kleine Erwachsene und Erwachsene keine infantilen Jugendlichen sind –, zeigt Zeltner auf, wie in ganz unterschiedlichen Situationen Fantasie und Vernunft helfen können, den Umgang zwischen Kind und Eltern weder zu einem Neben- noch Gegeneinander, sondern zu echtem Miteinander werden zu lassen.